Mametz

Owen Sheers has written two collections of poetry, *The Blue Book* and *Skirrid Hill*. His non-fiction includes *The Dust Diaries* and *Calon: A Journey to the Heart of Welsh Rugby*. His debut novel *Resistance* has been translated into ten languages and was made into a film in 2011. His plays include *The Passion* and *The Two Worlds of Charlie F*, which won the Amnesty International Freedom of Expression award. His verse drama *Pink Mist* won Welsh Book of the Year and was staged in Bristol and London by Bristol Old Vic. His latest novel, *I Saw a Man*, was shortlisted for the Prix Femina Etranger. He has been a NYPL Cullman Fellow, Writer in Residence for the Wordsworth Trust, and Artist in Residence for the Welsh Rugby Union. He is currently Professor of Creativity at Swansea University.

Ceri Wyn Jones is a winner of both the Chair and the Crown, the National Eisteddfod's premier poetry prizes. He is also presenter and adjudicator of Radio Cymru's acclaimed and long-running series *Y Talwrn*, a weekly competition featuring teams of poets from all over Wales. A former English teacher, he now divides his time between his role as an editor with Gomer Press, one of Wales's leading publishers, and his life as a freelance author.

T0333830

OWEN SHEERS

Mametz

with a translation into Welsh by
CERI WYN JONES

and an introduction by
CHRISTOPHER MORRIS

FABER & FABER

First published in 2017
by Faber and Faber Limited
The Bindery, 51 Hatton Garden
London ECIN 8HN

Typeset by Country Setting, Kingsdown, Kent CT14 8ES
Printed and bound by CPI Group (UK) Ltd, Croydon CRO 4YY

A CIP record for this book is available from the British Library

ISBN 978-0-571-33225-0

To all who lost at Mametz

I bawb a gollodd ym Mametz

Contents

Acknowledgements

This play would not exist without having being fuelled by the lives and writings of David Jones and Llewelyn Wyn Griffith, and I am indebted to the estates of both writers for granting permission to quote and adapt from Jones' *In Parenthesis* (Faber) and Wyn Griffiths' *Up to Mametz and Beyond* (Pen & Sword). I am also grateful to Chris Morris for first introducing me to these books, and for his research and guidance in the development of this play, and to Colin Hughes for his extensive writing on the battle of Mametz.

The premiere of *Mametz* was produced by National Theatre Wales with the support of 14–18NOW. I'd like to thank all those who worked on this original production, especially John McGrath for commissioning such a risky idea, Jon Bausor for realising my vision of a set within a field, Matthew Dunster for so elegantly directing the words off the page and all the cast for lending their voices and bodies to the characters and their stories with such dedication and empathy.

Introduction

This play began by chance.

Rummaging in the bargain bin of a second-hand bookshop in Hay-on-Wye, I picked up a book called *Up to Mametz*. I knew nothing of the author, Llewelyn Wyn Griffith, and I had never heard of Mametz, but printed below an image of a blood-red dragon was the intriguing phrase 'Great War Classics'. The book was out of print and only £3.50, so I bought it, never imagining that twenty years later the story it contained would engage hundreds of people in the creation and staging of a massive theatrical production in an ancient Welsh wood.

Up to Mametz seized me; I consumed the quiet, brutal and haunting memoir of Llewelyn Wyn Griffith's time as a staff officer in the 38th (Welsh) Division during the First World War. His description of travelling through France and seeing an 'aeroplane' suddenly surrounded by little white clouds is a moment in the book that still resonates from that first reading. Griffith writes:

> This was our first seeing of war and the intent of one man to kill another. It was difficult to translate this decorating of a blue background with white puff-balls in terms of killing.[1]

Griffith went on to witness one of the Somme offensive's bloodiest actions at Mametz Wood where, in the summer of 1916, 4,000 men of the 38th (Welsh) Division were killed or wounded.

I was a series producer at BBC Wales in Cardiff, running a weekly arts programme co-presented by Welsh poet Owen Sheers. Owen was aware of the Mametz Wood story through the poetry and prose of Robert Graves,

Siegfried Sassoon and David Jones, all of whom had witnessed the battle. So, to mark the 85th anniversary of the First World War, I asked Owen to travel to France with a BBC film crew to make a short film about *The Poet's Battle*; he returned with an evocative film and also the first draft of his poem, *Mametz Wood*.

After the war was over, the victorious generals were first in line to publish detailed accounts of their personal contributions to the victory. Some returning soldiers did commit their experiences on the front line to paper but most, like Wyn Griffith, simply wrapped their handwritten notes in brown paper and put them away in a drawer.

There was a societal desire for the population to move on and 'forgetting' seemed to offer them a positive way forward. In his poem 'Mametz Wood' (2005), Owen Sheers depicts the earth of the battle site: 'reaching back into itself for reminders of what happened / like a wound working a foreign body to the surface of the skin'.[2]

The British attempt to forget and move on failed and within a decade there was a collective need to reach back into the wound of the war by those who fought it, for reminders of what happened. Many of the books that are now considered the classics of Great War literature were released in a flurry of publishing activity ten years after the armistice: *Undertones of War*, Edmund Blunden (1928), *Goodbye to All That,* Robert Graves (1929) and *Memoirs of an Infantry Officer*, Siegfried Sassoon (1930).

The British public consumed these powerful narratives, while the transcript of *Up to Mametz* (still wrapped in brown paper) lay unseen in a drawer. The book was eventually published in 1931 after a friend of the author insisted on reading the manuscript, and although it was well received by critics, the market for war memoirs had become saturated and it failed to reach the audience it deserved.

It is no accident that poetry blossomed during the fighting and that prose was left to make sense of the aftermath.

'Poetry speaks to the immediate wound,' says writer John Berger.

> All stories are about battles, of one kind or another, which end in victory and defeat . . . Poems, regardless of any outcome, cross the battlefields tending the wounded, listening to the wild monologues of the triumphant or the fearful. They bring a kind of peace. Not by anaesthesia or easy reassurance, but by recognition and the promise that what has been experienced cannot disappear as if it had never been. Yet the promise is not of a monument (who, still on the battlefield, wants monuments?) The promise is that language has acknowledged, has given shelter, to the experience which demanded, which cried out.[3]

Owen and I knew that there was more to say about the writers who had witnessed the human carnage at Mametz. Owen was particularly interested in David Jones' elliptical and lyrical reminiscence of the battle *In Parenthesis* and he was intrigued by its potential synergies and tensions with Wyn Griffith's more direct prose memoir.

By 2006 I had left the BBC and was working at a university in South Wales. The university library regularly reviewed its stock of books, discarding those that were unread. A librarian saved a copy of *In Parenthesis* for me, which she told me had been taken out only three times, 1964, 1972 and 1996. This incredible book was to be discarded on the ninetieth anniversary of the battle, unread at a Welsh university for ten years.

Owen and I decided during the summer of 2013 that the approaching centenary of the First World War would be the perfect moment to re-examine the story. Our decade-long conversation about the battle, the books and our desire to do something large scale, led us to one conclusion. A site-specific theatrical production would become our story vehicle, and the two neglected works would be the source texts underpinning that story. From the outset Owen had one key image in his head that would come to dictate and define the evolution of the production, namely that the audience and the cast would be situated in a trench system, and would go 'over the top' together, into a wood.

After a fruitful conversation with National Theatre Wales, Owen and I travelled to France to begin our research. I filmed and edited two short films during that initial trip, chronicling Owen's arrival in the wood and recording a visit to the Lutyens memorial at Thiepval, a monument to the missing of the Somme offensive.[4] The films were edited in my hotel room in France, the audio tracks simply reflecting the sounds we gathered from each location: rain at Thiepval and birdsong at Mametz.

The red notebook used by Owen in the films was brand new. One of the first things to go into the book was a leaf picked from the floor of the wood but within months its pages were filled with research ideas and production thoughts and then the writing began in earnest.

Ideas for the play came from many directions: museum artefacts, regimental diaries, battlefield visits, paintings, original photographs, written memoirs and expert historians such as Colin Hughes, who gave us invaluable support and encouragement throughout. An article in the *New Scientist* magazine that I had taken to France sparked the scientific elements in the play. It mentioned that in 1916 Albert Einstein had published his 'general theory of relativity'. The notion that in Germany, one of the great minds of our time was exploring notions of gravity and time on a cosmic scale, while in France those same invisible forces were being exploited on a daily basis to butcher and destroy on a human scale, instigated further research that would influence the shape and intentions of the play.

Owen was writing on a tight timescale. The play was scheduled for an opening night in June 2014 and the play was still being written at Christmas. Throughout the opening months of 2014, Owen wrestled the play from an initial loose draft to a tight final text. I acted as a researcher, responding to Owen's need for detail on anything from artillery rounds and space-time to the names of the dead on a particular day. I was privileged to witness the intense but deft journey of the play and the juxtaposition of the existing texts within Owen's own written creation and characters.

A crucial element to the success of this large-scale site-specific production would be its location. I had been to a music festival at a farm near my home in Monmouthshire and was convinced that it was the perfect place to stage the play. An open field of grass was surrounded by a wall of conifers creating a natural amphitheatre that gently sloped up an ancient woodland of oak, ash and beech. The wood itself had grown through a series of concentric rings dug into the earth: the remains of an ancient Celtic hill fort. The impression on entering the wood was of a series of deep trenches that led into an open central glade. The place was imbued with the kind of ancient presence that Owen and I had sensed at the battlefield in France. The landowner was enthusiastic and so our location was confirmed.

National Theatre Wales began to attract talent to the production, the key appointment being director Matthew Dunster and a dynamic team of theatre makers, designers, actors, constructors and technicians. *Mametz* opened to critical acclaim on the 24 June 2014, described by Dominic Cavendish of the *Daily Telegraph* as a work that 'pierces the heart . . . the finest commemoration of the First World War centenary I've seen to-date'.

The photograph on the front cover of this book is of a piece of wood that I picked up on our first research trip to *le bois de Mametz*. It germinated, grew and fell in the same soil where thousands of soldiers had died a century before. There was something of Wales and Germany contained in its structure and form. When I was asked to write this introduction, I went online and re-watched the film that I had made the day I picked up the piece of wood. Scrolling down the webpage I found the following comment left by a member of the public who had recently visited. I will leave the last word to Colin Dyas, a person I have never met but whose great uncle was killed at Mametz:

> Whilst in the woods, I put my hands deep into the earth. It is so rich. Rich with the dead I suspect, my Great Uncle being one of them. This is not the richness of leaf mould. It is something else. I suspect it is the memory left by the Queen of the Forest garlanding her dead. Today, the Queen's work is being continued by the King of the Birds. His chorus has replaced her garlands as it really does seem as if the birds are singing for the dead. (Colin Dyas, 2016)

CHRISTOPHER MORRIS
Professor of Documentary Practice
School of Film and Television
Falmouth University
October 2016

1. Llewelyn Wyn Griffith, *Up to Mametz* (Faber, 1931).

2. Owen Sheers, *Mametz Wood* (Seren, 2005).

3. John Berger, *And Our Faces, My Heart, Brief as Photos* (Bloomsbury, 1984).

4. *Wood* <https://vimeo.com/70411744>; *Stone* <https://vimeo.com/70410656>.

Mametz was first performed by the National Theatre of Wales on 24 June 2014. The cast, in alphabetical order, was as follows:

Jack Ayres
Stephen Casey
Tara D'Arquian
Michael Elwyn
Daniel Graham
Chris Hoskins
Rhys Isaac-Jones
Mari Izzard
Rhodri Meilir
Kayed Mohamed-Mason
Nicola Reynolds
Rhys Rusbatch
Adam Scales
Catrin Stewart
Dafydd Llyr Thomas
Sion Daniel Young

Ensemble Thomas David Carron, Christopher Charles, Jodie Currie, Lawrence Duffy, Ailsa Margaret Dunn, James Ellis, Laura Green, Matthew Ingram, Michael Kelly, Catherine Shipton-Philips, John A Thomas, Naomi Underwood

Director Matthew Dunster
Designer Jon Bausor
Lighting Designer Lee Curran
Sound Designer George Dennis
Movement Director Christopher Akrill

Characters

in order of appearance

Professor Phillips
historian of the First World War
and battlefield guide, fifties/sixties

Antoinette
daughter of Mametz Wood gamekeeper,
nineteen

Llewelyn Wyn Griffith (Young)
Staff Officer, 15th Battalion,
Royal Welch Fusiliers, mid-twenties

Taylor
Signals Officer, 15th Battalion,
Royal Welch Fusiliers, forties

Llewelyn Wyn Griffith (Old)
writer and broadcaster, late sixties

General Evans
Commander, 15th Battalion,
Royal Welch Fusiliers, fifties

Private Dai Williams
South Wales miner, early twenties

Edith Williams
mother to Dai Williams, late forties/early fifties

Private Ellis Jones
London dairyman, early twenties

Helen Jones
wife of Ellis Jones, mother to Megan, early twenties

Private Aneurin Lewis
son of a Mid-Wales farmer, eighteen

Siriol
munitions worker from Llandudno, eighteen

Private David Jones
student artist, Londoner of Welsh descent, twenty

Willem de Sitter
Dutch physicist, forties

Whitehall Secretaries 1, 2, 3
various ages

Colonel Bell
Colonel, 15th Battalion,
Royal Welch Fusiliers, fifties

Sergeant Snell
Sergeant in 15th Battalion,
Royal Welch Fusiliers, thirties/forties

Ensemble
soldiers, rugby players, mothers,
Watcyn, John, Lucy

MAMETZ

Act One

A field beside a wood in Wales. The audience are gathered and marshalled by employees of 'Cook's Battlefield Experience Tours'.

SCENE ONE

Professor Phillips steps on to a small platform. He is energetic and passionate. Serious, but with a hint of humour.

Phillips Hello and welcome to another Cook's Battlefield Experience Tour.

And welcome too, to this beautiful part of Monmouthshire which, for the next few hours, we'll transform into one of the battlefields of the Somme. A battlefield on which thousands of men from this very countryside, lost their lives.

My name is Professor Phillips, and with the help of my assistants this evening I want to take you into the heart of a battle that's become just as resonant here in Wales as the Somme has become in the memory of Britain as a whole. The battle of Mametz Wood.

Right, 'Fair stood the winds for France,' as a poet once said. Let's get you across the Channel!

Holding up an umbrella Phillips leads the audience into the mouth of a rough support trench.
The trench is constructed from farm material which might also be found on a battlefield – corrugated iron,

3

wire, rough wooden struts and props. The walls of the
trench increase in height. In the open field, before the
mouth of the trench, a young messenger with a satchel,
Watcyn, runs through the grass. Another young Soldier
stands motionless, waiting for him.

The rumble of distant artillery fire.

As the audience make their way along the trench
they encounter other young Soldiers. One plays a
harmonica, another is brewing tea, another rolling
a cigarette.

Further along another is reading a weekly lads' mag,
while another, wearing contemporary British Army
uniform, listens to hip-hop from a speaker connected
to an iPhone.

Another Skypes with his girlfriend on an iPad: a
suggested comversation is included on page 80.

The trench becomes single file.

Walking against the flow of the audience is an Army
Padre, talking to himself in North Walian Welsh.

Above the trench stands Willem de Sitter, a man in
his late forties, wearing a turn-of-the-century suit with
glasses and a bow tie. He is holding a pocket watch
and stands beside a telescope on a tripod.

When he speaks it is with a Dutch accent.

De Sitter No hurry. Plenty of time. Plenty of time.

SCENE TWO

At the end of the trench the audience are guided into a
barn in which they discover a makeshift estaminet, a
French pop-up café close to the front line.

Folding tables are covered with chequered cloth. An
accordion player sits in the corner. A menu in French
hangs on the wall. French Women serve British Soldiers
wine and food.

As Professor Phillips enters, the makeshift café and those inhabiting it melt away around him.

Phillips Bienvenue à France! But welcome, as well, to 1916. So, where are we exactly? Well, the countryside of Picardy beyond these walls is already familiar with the blood of Welsh fighting men. Agincourt and the Battle of Crécy were both contested over this ground. At both these battles Welsh soldiers fell in great numbers. And now, in 1916, over the same French soil, they will again.

But why were there so many Welsh troops at Mametz?

Phillips jumps on to a platform to illustrate his talk with photographs, maps, portraits.

In 1914, when Lord Kitchener began raising his volunteer army, Lloyd George, the Chancellor, saw an opportunity for Wales to have an army of her own.

But the appeal for a Welsh army came too late. Welsh men had already rushed to join existing regiments. As a result the hoped for stream of volunteers for a new Welsh division was a trickle. In time though, and with the help of recruits from London and a reduction in the regulation height, eventually 50,000 new Welsh soldiers became the 38th Division of the British Army.

But these were soldiers short on equipment, and short on time. For many months they trained with brooms instead of rifles. When they came to France, each man had fired just twenty-four rounds on the firing range. When they arrive *here* in July 1916 they've already had several months at the front. But they've never taken part in a large scale attack. As they march in, more experienced soldiers consider them no more than 'civilians in uniform'.

In contrast, waiting for them in Mametz Wood, is the Lehr regiment of the Prussian 3rd Guards. An elite fighting force with a minimum height of 5ft 7 from which the Imperial Guard is selected. And it is from these men that the Welsh 38th Division must take Mametz Wood.

For a few days it will also be the *only* major British offensive. From July 1st to July 5th the British had attacked along the entire length of their line in Picardy. But then they had to pause, as without taking the wood any further advance was impossible. For the next few days, Mametz will be the only show in town. It will be a uniquely literary battle too, the attack bracketed by two great war poets. Siegfried Sassoon is in the front line opposite the wood just before, and Robert Graves will be wounded in its aftermath. There are even a couple of lesser known writers about to be involved in the attack itself. Lieutenant Llewelyn Wyn Griffith and Private David Jones, both of the 15th Royal Welsh Fusiliers, the 1st London Welsh.

In time all of these writers will commit their memories of the battle to paper. It will become their past. But now, for the men of the Welsh division, as they march into the line the battle of Mametz Wood is their imminent future.

So, I hope that gives you some context. But we're not called Cook's Battle *Context* Tours are we? No, no, no. We're Cook's Battle *Experience* Tours. So let's get on with the experience shall we?

SCENE THREE

Professor Phillips leads the audience into an adjoining barn with seating facing the back wall of a trench. Above this wall near and far blacks can open to reveal apertures the length of the trench. To the right of the seating is the end wall of a house, with three windows in which the following vignettes rotate:

A young woman, Siriol, poses for a photograph taken with a flash.

A man in his fifties stands before a BBC microphone. A producer's voice tells him:

BBC Producer's Voice In your own time, Mr Jones.

De Sitter looks through his telescope.
   A young woman, Helen, cradling an infant, steams open a letter and reads.
   An older woman, Edith, washes clothes against a washboard.
   In an exposed room to the right of these windows a British Officer Llewelyn Wyn Griffith (Young) runs a bath for his younger brother, Watcyn, a private soldier.
   Over this action male voices sing 'Colon Lan'. As the audience settle Wyn Griffith (Young) brings his brother a cup of coffee and the women in the windows take up the hymn, replacing its lyrics with words of their own.

Women In case of loss, please return. In case of loss, please return.

The barn door closes.
   An explosion.
   Blackout.

SCENE FOUR

The upstage blacks part to reveal an aperture the length of the stage area, through which a field and a wood can be seen.
   A young woman, Antoinette, approaches through the field. She carries a basket of gathered small branches. Entering through the aperture, she stands on the parapet of the trench.
   Birdsong.

Antoinette The wood was my father's job. And his father's before him. *Le garde forestier.* 'Gamekeeper', I think that is the word in English.

She laughs.

7

But it was only ever me who played games in there. It was a blessing to me, that wood. My mother, she was . . . not well. And my father, he was more interested in keeping the Count happy than his daughter. So I used to go to the wood. For hours. I even slept there once. Wrapped up in my grandmother's coat. I lay there, under the roots of an old oak, listening to them call my name until midnight. 'Antoinette! Antoinette!' But I didn't want to go home. I was already there.

It was summer when I did that. And you know what I learnt? The birds, they sing *before* they see the sun. They know the light is coming. And so they sing. They woke me, and I did not understand. Because it was still dark. But then the first light came. As if they had sung the sun into rising. I'll never forget that. Never.

I went there in all seasons. Not just summer. In the winter, once, I came across a young deer. There was snow. I'd left tracks across the field from the village to the wood.

The young messenger, Watcyn, runs into view in the field beyond. He stops and stares at Antoinette, who stares back.

We just stared at each other. Me and that deer. It was so still, so I was still too.

Watcyn runs on out of sight.

But then it ran away. Jumping over the fallen branches. When it had gone, I felt so alone. I was alone before I saw it. I was often alone. But never as I was then, after the deer had gone.

Soldiers of the 15th Royal Welsh Fusiliers begin to drift into the trench. They are new troops, carrying their lives with them. Trench shovels, billycans, rifles, packs and canteens.

Antoinette watches the troops arrive. The birdsong fades.

That was when I was a child. When only local people knew the wood, and its name was just the name of a wood, not a battle.

She watches more Soldiers arrive.

They came to take the wood, and they did. Even when they left, they still occupied it. With their bodies, their deaths.

She shakes her head, laughs bitterly.

'Mametz' they call it. 'Mametz Wood.' And that's what their grandchildren and great-grandchildren still call it too. When they come here looking for them. Sometimes they come as a family. But mostly it's just the men, on their own. Making tea in the boot of their car.

A camper van drives into view in the field beyond, parking up in front of the wood.

Sipping from a Thermos as they look at the wood. What do they want it to tell them? Maybe they just want to see the trees that have grown from their ancestors. Or just to look on the last thing they saw. Whatever the reason, they still come. All the time. To look.

She gathers a couple more branches from the ground. As she stands she looks at the Soldiers again.

They think it is theirs. Just because they died in it. But it is not. And it is not 'Mametz Wood'. It is *Bois de Mametz*. And it is mine. It has always been mine.

SCENE FIVE

Early morning. Wyn Griffith (Young), mid-twenties, and Taylor, early forties, both officers, are surveying the wood through a periscope. Taylor takes sips from a mug of tea. Wyn Griffith compares his view with a map.

Taylor What do you think?

Wyn Griffith It's a forest. I don't see how we'll do much damage to it.

Taylor One Maxim team on that southern edge. That's all they need.

Wyn Griffith lets Taylor look.

Wyn Griffith I don't understand. Why keep us waiting in the lobby?

Taylor You mean Contalmaison?

Wyn Griffith Surely we should attack at the same time, not wait for the show to finish over there first?

Taylor Suppose they think that would spread our fire.

Wyn Griffith But it would spread theirs too. That's the point.

Taylor comes away from the periscope and smiles at the younger man.

Taylor You're being too reasonable. I'm not saying you're wrong. Even the general was cursing his orders this morning.

Wyn Griffith Of course he was. There could be ten of him in there or ten thousand. There's no way of knowing. And that ridge –

He takes the periscope again.

Between the Hammerhead and Flat Iron Copse. It's a bare slope. No cover at all. I know they want a smokescreen, but if they've got machine guns in those copses . . .

Taylor begins preparing a pipe as Wyn Griffith continues to survey the ground.

Taylor Who's on your right?

Wyn Griffith 16th Welsh, 11th South Wales Borders.

In the distance, through the aperture, the Padre begins advancing through the field.

Taylor I saw the Padre earlier. Just before dawn.

Wyn Griffith Morgan?

Taylor Yes.

Wyn Griffith What was he doing out so early?

Taylor Off to do some burying. Still lots of our lads out there. He'd just come back from Fricourt. Hadn't slept all night.

Wyn Griffith Why Fricourt?

Taylor He was looking for a grave.

He shakes his head.

I should have known. He was talking to himself. Praying I think. It was northern Welsh. I couldn't really make it out. I asked him whose grave he was looking for. 'My son's,' he said.

Wyn Griffith Christ. I knew young Morgan. We trained together.

The Padre is closer now. The sound of his praying in Welsh is audible.

Taylor Killed near Fricourt. Day before yesterday.

Wyn Griffith Did he find him?

Taylor No. Couldn't find the padre who'd buried him either. So he came back here. Said he should at least bury other men's boys, even if he couldn't find his own.

Wyn Griffith He must have been walking all night.

He begins packing items from a large pack into his haversack – matches, a pipe, some biscuits.

Taylor What could you say? You know my Welsh isn't good. But you can't speak English to a man who's just lost his boy, can you? I managed a few words. Took off my helmet. Told him I was sorry.

Wyn Griffith (Old) enters. He is late sixties, casually but smartly dressed in 1950s clothes. He carries two string bags full of groceries. Seeing Taylor and Wyn Griffith (Young), he walks towards them, stopping a few feet from his younger self, who pulls a small brown package tied with red ribbon from his pack.

Wyn Griffith Haven't seen my brother, have you? I've been carrying this around for him for days. It's his birthday.

Taylor I saw him last night. In that old German dugout. He's been made a runner, for battalion.

The sound of an artillery barrage opens up offstage. Both men look in its direction, as does the Padre standing in the aperture and all the other Soldiers in the trench. Wyn Griffith (Old) continues looking at his younger self as he puts the brown package into his haversack.

Watcyn appears in the aperture, getting dressed after a bath. He finishes by putting on his messenger's satchel.

Wyn Griffith (Old) Taylor knew my younger brother Watcyn well. They'd joined up on the same day, in the same village. But that's where the similarity ended. Taylor was a Brigade Signalling Officer. Watcyn was still a boy, and just a private infantryman. He should have been wearing a school uniform, not a khaki one. He'd just turned nineteen.

Taylor takes down the periscope. The aperture closes.

Taylor I should get down to Pommiers. We've been laying lines all night and we're still not done.

Wyn Griffith Are you taking Danzig Alley?

Taylor Yes. They'll be replying soon enough.

Wyn Griffith I'll come. Evans will be wanting me.

Both men finish off packing their haversacks.
    Taylor finishes his tea, and takes some biscuits from his haversack. He offers some to Wyn Griffith.

Taylor Go on. You never know where you'll end up today. Or when.

Wyn Griffith (Young) takes the biscuits. The sound of an answering German barrage. Shells exploding nearby throw soil into the trench.
    The two men shoulder their haversacks to leave. Taylor exits. As Wyn Griffith (Young) is about to go he pauses and looks towards his older self as if aware of someone watching him. For a moment the two men look at each other.
    Wyn Griffith (Young) exits. Wyn Griffith (Old) watches him go.
    The Soldiers in the trench go about their duties around him.

SCENE SIX

Wyn Griffith (Old) As an officer I hardly ever saw my younger brother. An ocean of rank and discipline kept us apart. Our paths did cross once though. In a village. Laventie it was called. Our company found some rest there. And I found Watcyn, billeted in a nearby barn. My own were in a house, so whenever I could I'd smuggle him in and give him a bath, a change of underclothing. Often a meal too, and a cup of coffee. All rare luxuries to a private soldier.

As they are to me now.

I hadn't seen him since then. So it was a relief to hear Taylor say he'd been made a runner that day. It meant he'd be saved from that ridge, at least.

He looks towards the location of the planned attack.

Seeing it with Taylor that morning, I was grateful for my own relative safety too. On our march south they'd made me a staff officer, working under General Evans. Brigade headquarters had been moved into the front line, but that was as far as I'd go. Someone else would lead my men into the wood now.

He looks around the trench.

Before I entered a trench I thought the world was divided into two kinds of men. Those who'd known trench life, and those who hadn't. But I soon learnt we were the same men in the trench as we'd been out of it. Endlessly rearranging mud to protect ourselves, but still the same men.

What's so surprising is how much of it fades. And yet stays too. But most of it becomes the past. We know it happened, but we forget the detail. Which is why I wrote up my time in the trenches. For my children. So they'd understand.

But then a friend saw the manuscript, read it and before I knew it my experiences were public. *Up to Mametz* by Llewelyn Wyn Griffith. Another bit of the past dragged out for the present.

His younger self appears in the aperture beside a gramophone. Lifting its arm, he lowers the needle to a record.

I still write. About Wales mostly, and music. The great German composers: Beethoven, Wagner, Bach.

His wife, Winifred, appears in one of the windows.

Once a week Win sends me shopping to Waitrose. Sometimes I sneak in a Guinness on the way back. I'll be teaching my grandson to drive on the weekend. I lead a life. But has it left me?

Wyn Griffith (Young), holding sheaves of papers, enters with General Evans. As they pass through the trench the Soldiers salute.

No. The world was drunk on violence. Done to us, and by us. And we were all so young.

The Soldiers in the trench shoulder their packs and gather their belongings as if for a march. Wyn Griffith watches as they get into formation.

The news of my promotion was a liberation. For the past seven months I'd watched other men be killed or maimed while always waiting for my own death or mutilation. So I couldn't help but feel relief.

But at the same time, it made my spirits drop.

The men prepare to march.

I'd been with the 15th Royal Welsh Fusiliers from the very beginning. A regiment of Welshmen from London, where Win and I were living at the time.

We were known as the 1st London Welsh, but in practice we were soon recruiting from Wales as well.

We'd trained together, travelled to France together, ridden a grey-painted London bus to the front together. Over the next seven months we discovered a rare comradeship, born of imminent death.

As the Soldiers march offstage:

Our numbers shrank all the time. The tree was already shedding its leaves.

General Evans and Wyn Griffith (Young) re-enter downstage. As General Evans strides on and exits, Wyn Griffith (Young) pauses and looks towards the men of his old company.

But now the gale that would strip them bare was upon us. And I was no longer with them. I was deserting them, just before their greatest trial.

The record comes to an end. It revolves, clicking in the final groove.

General Evans (*from offstage*) Griffiths!

Wyn Griffith (Young) exits.

SCENE SEVEN

Antoinette enters. A young Soldier appears in an opening in the aperture, preparing himself for a portrait.

Antoinette Cinq francs.

The Soldier fumbles with the unfamiliar money.

Five. Five francs. Merci. À droit un peu. Right. Move right. Encore. Parfait. Attends . . .

She signals to a photographer.

Oui!

The Soldier poses in classic front-line fashion. The explosion of a flash bulb.
The Soldier exits.

My father enlisted as soon as war was declared. He was killed in a raid. With a shovel. The Germans had discovered these were better than bayonets. A bayonet gets stuck. With the sharpened edge of a shovel, they could split a head, then move on.

My mother had died before the war, so when our cottage was shelled, I moved into my uncle's café in Mametz – Café du Moellon.

She laughs.

'Moellon.' In English you might say 'café of rubble'. Well, that is what it became after the bombardment. But now there was other business to be had. There were so many British troops. They all wanted something to send home. 'Where there is a need,' my uncle told me, 'there is money.' And he was right. I must have seen over a thousand of them stand before this camera.

Private Dai Williams, early twenties, enters. Antoinette takes his money, signals to the photographer. He poses. The explosion of a flash.

Dai 95784, Private Dai Williams, 15th battalion, Royal Welsh Fusiliers. (*Beat.*) It was the height regulations what did it. They lowered them, see? After that lots of boys from the mine joined up. That was all I needed. Enlisted the next day. I mean, it felt better then. Joining together. There were plenty of miners here already, of course. But they were mining, see? Digging tunnels. And we didn't want to leave a mine in Wales just to go underground in France. We wanted to fight. Above ground. I mean, five foot three, six foot three, it's all the same with a rifle in your hands, isn't it?

A woman in her mid-fifties, Edith, enters.

Edith I didn't want him to go. I mean, he shouldn't really be alive as it is. So why push your luck? That's what I said to him. Just because you've cheated death once, *bach,* don't mean you can cheat him again. But he wouldn't listen. None of them do.

Dai She means the explosion. Universal Colliery. Senghenydd disaster you call it now. Four hundred and forty men and boys. My dad. My brother. But not me. It was the afterdamp what got most of them. It had to, after them explosions.

Edith It took a month. To see all the funerals done. A month to put our men back in the ground what had killed them in the first place.

Dai Don't say that, Mam.

Edith Don't say what?

Dai It wasn't the ground. It was what we were doing to it. That's what killed them.

Edith And Lewis.

Dai turns to the audience again.

Dai William Thomas Lewis. The owner.

Edith They fined him ten pounds. And him more wealthy than God. Ten pounds!

Dai Missed two safety deadlines he had. But still sent us after those thicker seams night and day. Navy couldn't get enough, see? Those big dreadnoughts, went through our steam coal faster than clap through a whorehouse.

Edith Dai!

Dai Sorry, Mam.

Edith I worked it out. Sixpence.

Dai Sixpence?

Edith For each of them. Sixpence a life. For each man and boy. That's what they fined him.

Dai Well, least Kitchener thinks I'm worth more than that. So that's something innit. Mam?

Dai exits.

Edith He'll make a joke of anything that one. But a mother knows her son. He couldn't take the pit no more. That's why he joined. And who can blame him? He lost so many down there. Friends as well as his brother and father.

Dai enters the trench, lays his rifle against a sandbag and begins to brew tea.

As long as he stays clean. You hear stories. About the mud out there. The dirt. He's always had a weak constitution, see. That's why I used to wash him myself. Even when he'd grown. He'd come back from the pit and turn three tubs dark with that much coal on him. But I was always there to fill them. To scrub his back. Get him clean. Who's going to do that now, over there? No one, that's who.

She exits.

Private Ellis Jones enters at the aperture, hands over his money and poses.

Antoinette It's strange, for us to know more about their futures than them. We've seen them coming back, you see. When the seams of their uniforms are alive with lice. When their puttees are all mud, and their cuffs stained with blood. If they come back at all.

Camera flash. Ellis speaks with a strong cockney accent.

Ellis 38392, Private Ellis Jones, Machine-Gunner, 15th Battalion, Royal Welsh Fusiliers. Carmarthenshire innit? Dairyman. Can't get no milk East of Tower Bridge and it ain't from a Carmarthenshire man. Third generation, granted. But roots is roots. Must 'ave been the name I suppose. Jones. Soon as the recruiting bloke 'eard it he was all, 'I got just the battalion for you, sonny boy, new Taff lot being raised right here in London.'

I'd steered clear of it till then, to be honest. But then a lady left a white feather in one of her empty bottles. Well, it got me thinking. After that, on my rounds, it was like there was a poster on every corner. Started to feel like I was the only bloke in London not enlisting.

His wife, Helen Jones, appears in one of the windows. She carries a baby.

Helen Well, someone's got to fight haven't they? When you hear about what the Huns did in Belgium. Smashing babies against walls. What they did to them nuns. I wish that didn't mean Ellis, course I do. But they reckon it'll be over soon anyway. So many from round here have gone, I can't see how the Hun can hold out much longer.

I gave birth just after he left. Baby girl. Megan, after Ellis's nan. He's only seen her once, when he was back on leave. But when she's grown up, at least she'll be proud of her father, won't she? Like what I am.

Ellis They made me a machine-gunner when we was in the line at Richebourg. They reckon I got the best 'two-inch tap' in the battalion. It's all in the weight of the hit.

He demonstrates on an imaginary machine gun.

And where you tap it. On the side of the breech just ahead of the pivot. Few taps left, few taps right and you got a clean, steady traverse. Long as you keep feeding in them belts, an' keep the cooling jacket topped up, an' aim low too, then you can keep a solid stream in the air. One which no Hun is going to walk through I can tell ya.

He exits.

Helen He writes to Megan regular. Separate letters and everything, from mine, I mean. He says I can't open them either. Says they're for his girl, for when she's older. Sometimes though, I can't help myself, and I steams them. Just to have a quick look. Well, I need to know she's got a father too, don't I? Cos when he came back on leave. Well, he didn't talk to her. Or me. Not proper anyway.

Ellis enters the trench and unloads his equipment.

Helen He's always been such fun. But it was like there was nothing to laugh at any more. So reading what he writes to her. It helps. I hear his voice. In the words. I hear him talking to her.

She exits. The next soldier, Private Aneurin Lewis, enters the cubicle.

Antoinette I sometimes wonder how much they know. Do they really not understand what is waiting for them? And do they know this photograph is their last? Even if they survive? The last of them as boys, who have not yet seen what men can do to men.

Camera flash. Aneurin speaks with a mid-Walian accent.

Aneurin 49026, Private Aneurin Lewis, 15th Battalion, Royal Welsh Fusiliers.
    The portrait's for Siriol. We realised, just before I left, we don't have any pictures. So we promised. To both have one taken, and send them to each other.
    I enlisted as soon as I turned eighteen. I would have tried earlier, but my father, he said he couldn't lose the help on the farm. But when I was eighteen. Well, it was my choice then, wasn't it?
    But then I met Siriol. And I wished I hadn't joined up now. I just knew, you don't meet that person more than once in your life. But now I've had to come here.

Siriol enters.

Siriol But if he hadn't enlisted, then we wouldn't have met! That's what I tell him. The division trained in

Llandudno, see? We'd watch them, drilling on the front. With brooms and walking sticks for rifles! Every morning they went for a two-mile run. I started getting up early, just to see them. Then, after five o clock, they were free.

Aneurin Until lights out at ten. We got cheap tickets to shows and entertainments. On the pier. That's where I saw her.

Siriol His uniform wasn't like other soldiers' I'd seen. The cloth was Brethyn Llwyd. Welsh homespun.

Aneurin And she was like no other girl I'd ever seen.

Siriol We had just two months before he left for France.

Aneurin They saw us off with a full parade. Lloyd George himself was there, reviewing the whole Division as we marched past on the front.

Siriol It was St David's Day. Every soldier had a leek through his shoulder strap, or pinned to his cap.

Aneurin The band played.

Siriol It was like a celebration.

Aneurin Only we had nothing to celebrate.

Siriol Except the night before.

Aneurin Yes, except the night before.

Siriol When he stayed.

Aneurin Sod lights out at ten.

Siriol We had to. We wanted to.

Aneurin Just in case.

Siriol I know it was only two months but . . . Well, we think an awful lot of each other.

Aneurin exits.

I work in a munitions factory now, in Caernarfon. I was worried about becoming a canary girl. My skin going yellow. But it's alright, because I don't work with TNT. Not yet. I make the bomb stems instead, or work on the nine-twos mostly. I sometimes wonder if Nye might see one of the shells I've worked on. Passing on a waggon, or piled beside the road. I've even thought of writing a message on one, just in case.

Aneurin enters the trench to join the other soldiers.

When I see them, all in rows and rows in the factory, well, sometimes I think of those other girls. In Germany. Making shells to fire at Nye, just as mine will be fired at their boys. And that makes me work even harder. Because I know the war gave him to me. But now I want him back.

Siriol exits.
    Private David Jones appears in the aperture.
Camera flash.

David Jones 22579, Private David Jones, 15th Battalion, Royal Welsh Fusiliers.

When I was a boy, I was torn between Nelson and Owain Glyndŵr. English mother, Welsh father. When I was eight I used to walk, every week, from Brockley to Greenwich. Just to see the hole in Nelson's uniform where the musket ball entered. Just below the left epaulette.

But in the end it was Glyndŵr who won. Most of my early reading was about Wales. My father bought me books every birthday. *The Mabinogion*, John Rhys's *The Welsh People*. After I read them, I was in no doubt. I was Welsh, of the same lineage as the Northern Welsh princes. Imbued with the same long view of history.

Which is why my father wrote to Lloyd George. I wanted to enlist in his new Welsh army. His office sent me a badge, to get in to hear him speak at the Queen's Hall.

The voice of Lloyd George plays. All the soldiers in the trench turn to listen to his oratory.

Lloyd George I envy you young people your opportunity.
It is a great opportunity, an opportunity that only comes once in many centuries to the children of men. For most generations sacrifice comes in drab and weariness of spirit. It comes to you today, and it comes today to us all, in the form of the glow and thrill of a great movement for liberty.

David Jones I was drawn to the Chancellor's vision. But I wanted to get to the war quickly. I was being left behind and visions, it seemed, took time to make reality. So I tried for the Artists' Rifles. But they said my chest was too small. I took to jogging, to increase its size. When the recruiting office for the 15th finally opened I went to Gray's Inn, and tried again. I was accepted. The size of my chest hadn't changed, but the war had.

He joins the other troops in the trench.

SCENE EIGHT

De Sitter, carrying a package addressed to 'Arthur Eddington, Plumian Professor of Astronomy, Trinity College, Cambridge', enters. It is clear that no one else in the trench can see him.

De Sitter 1916. That is when *everything* changed. And I mean everything. Time. Space. The universe.

He holds up the package.

And all because of this. The Theory of General Relativity, by Albert Einstein. Its predictions are truly extraordinary. That gravity is not a force, but a consequence of the fact that space–time is warped.

He looks around him, at the trench, the Soldiers.

Not warped like this, but curved, because of the distribution of mass and energy within it.

Another prediction is that absolute time does not exist. Imagine that. Until 1916 humanity has always imagined every event can be labelled by a consistent number called 'time'. But not any more. With this idea, time becomes personal.

From 1916 onwards, space and time will become dynamic. They will not only affect, but will *be* affected by everything that happens in the universe. We will all be affected by each other.

Isn't it amazing? Humanity's capacity for surprising itself. Just when we think we can go no further. Further we go.

He surveys the trench again, the Soldiers.

Forwards and backwards, at what we call the exact same moment in time. But whichever direction, it is never without resistance. Ideas like this, for example, do not thrive on their own. They are watered by communication. But 1916, I am sure you can appreciate, is not a good time for communication. Especially when the idea is born in the mind of a German, and its dissemination is dependent upon the language and institutions of the British.

No, not a good time at all. When both countries are participating in humanity's most persistent failure. War. The death of dialogue. The death of thinking.

Which is where I step in. Everyone, at times, needs a go-between. Even Einstein. Willem de Sitter at your service. I am a Dutch scientist. We are neutral in this war. I have already written about his Theory. In English. So of course I was more than willing to send a copy to Britain. But to whom? At this time of national blindness, to whom could I entrust this idea of the universe?

He reads from the address on the package.

Arthur Eddington, Plumian Professor of Astronomy at Cambridge. That is who. A Quaker and therefore a pacifist. But more importantly, a scientist too, who understands the greater endeavour beyond these minor distractions of war and politics. Let us hope I'm right, and Eddington sees the light in this time of darkness. That he sees the *idea* and not the nationality of the man who thought it. That he grasps his opportunity to be part of changing everything forever. By giving this idea a new language, and so a new life. Let us hope.

De Sitter exits.

SCENE NINE

Wyn Griffith (Young) enters with papers, files, maps. Wyn Griffith (Old) looks on.

Wyn Griffith (Old) As a staff officer my duties were largely divisible into the issuing of orders, and seeing those orders were carried out. Because of this, on that morning of July 7th 1916, I knew all too well what lay ahead for the men who would have to attack the wood.

The British barrage begins, a steady rumble of artillery fire. Anticipating retaliatory fire, the Soldiers in the trench take what cover they can.

Wyn Griffith (Old) gestures to the geography in no man's land as he speaks. The barrage intensifies through his speech.

The day's task would fall not to my old battalion, the London Welsh, but to the South Wales Borderers and the 16th Welsh, who would attack the Hammerhead, on the wood's right flank.

A valley running along Caterpillar Wood offered protection. Further north the land rose into that exposed ridge. The enemy would have machine guns dug in at those copses. General Evans had decided that two battalions should attack on a single frontage, along the protection of that valley. Two more would follow in support.

It was a good plan. But not good enough for Corps Headquarters, who insisted just two battalions was enough for the whole attack. Which is why, as the seconds ticked down to zero, men from Monmouthshire and Brecon men lined up along the valley, and men from Cardiff lined up further north, below that ridge.

The artillery barrage suddenly stops. Wyn Griffith (Young), Wyn Griffith (Old) and the Soldiers in the trench all look towards the attack, offstage left. The faint sound of whistles, a few seconds silence, then the sound of terrible machine-gun fire.

The near back aperture opens quickly, revealing the torsos of soldiers. Each one falls as soon as it is exposed.

Behind each soldier is a Whitehall Secretary, typing furiously.

The sound of the machine-gun fire becomes the sound of the typewriters. As the secretaries slow in their typing, the sound decreases in volume.

Another of my duties was gathering battalion reports. In time, transcribed by typists in Whitehall, these reports became the official histories of our actions.

Whitehall Secretary 1 pulls a sheet of paper from her typewriter and reads the Battalion diary for the 11th South Wales Borderers, 7th July.

Two young men in 1900s Welsh rugby kit, Johnnie Williams and Dick Thomas, enter. Their Welsh jerseys are white, but throughout the scene blood spreads through them, soaking them red except for three feathers, remaining white on their chests.

Whitehall Secretary 1 11th Battalion, South Wales Borderers, July 7th 1916. Attacked Mametz Wood at 8.24 a.m. In conjunction with Cardiff City 16th Welsh. Attack failed. Battalion informed and made a second attack at 11 a.m. This attack also failed.

As she reads, the Soldiers in the trench quietly begin listing, as a chant, names of those killed in the attack. A suggested list can be found on pages 83–5.
Aneurin, Ellis, Dai and David Jones are taking cover together.

Ellis Didn't get within three hundred yards. Not one of them.

Dai He was right snug dug in he was. In them copses.

Aneurin This gunner I saw in the reserve. He reckoned there was a smokescreen ordered. But it never happened.

Ellis Fucking artillery.

Dai Like to see them up front for a change.

Whitehall Secretary 2 pulls a sheet of paper from her typewriter and reads the Battalion diary for the 16th Welsh, 7th July.

Whitehall Secretary 2 16th Battalion, Welsh Regiment. July 7th, 1916. 8.30 a.m., battalion under orders, drawn up on their side of slope facing Mametz Wood in lines of platoons. Our artillery ceased firing at 8.30 a.m. and first lines of battalion proceeded over the crest of the slope but came instantly under heavy machine-gun frontal fire from Mametz Wood and enfilade fire from Flatiron Copse and Sabot Copse.

The Soldiers in the trench, except Aneurin, Dai, Ellis and David Jones, are still chanting a list of the lost.

Dai Bowen '67? With the Lewis team? Half his village in the 11th Borderers.

Ellis Poor sod. Many?

Dai Enough. Was saying as he'd avenge his cousin, and this one and that one. Regular screaming he was. 'These miscreant bastard square-heads.' Sergeant had to give him fatigue. Was shaking up his team something bad.

Aneurin Johnnie Williams bought it too.

Dai Shit.

Ellis Johnnie who?

Dai Johnnie who? Johnnie Williams of course. The rugby player.

Aneurin Captained Wales. Winger.

Dai I saw him score against the Springboks in Cardiff. Bloody amazing infield swerve he had. Could get past anything.

Ellis Yeah? Except a fucking Maxim gun.

Aneurin I heard Dick Thomas went as well.

Dai Dick Thomas?

Aneurin Forward? Had a few caps back in '06.

Dai I know the fella. Played a blinder against Ireland?

Aneurin Won their Welsh caps together, those two. That's what one of the lads said.

Dai Shit, I can't believe it. Johnnie Williams. And Dick Thomas too.

> *The two rugby players sink to the ground. A third Whitehall Secretary pulls out a piece of paper and reads the remainder of the Battalion diary for the 16th.*

Whitehall Secretary 3 Battalion suffered heavily and had to withdraw to their own side of crest. Battalion made two more attacks but position was much too exposed for any hope of success.

The Soldiers, coming to the end of their chant, settle in a line of dead and wounded, lying in a row. Some pull blankets over themselves.
The sound of a heavy shell landing nearby.
The far back aperture opens to reveal smoke filling the field beyond.

SCENE TEN

Wyn Griffith (Young) is with General Evans, who is surveying the battleground through a periscope. The dead and wounded lie behind them.
As they talk the occasional shell lands nearby.

General Evans This is bloody lunacy! They want another attack. But we've already attacked twice and look where it's got us. I told them. Rush the wood at night. Up the valley. It's the only way.

Another shell explodes. General Evans looks at the wounded men around him.

Why they haven't chucked shrapnel at us, God only knows. This is clearly the only assembly point.

Wyn Griffith If I could get through, would you talk to them? Try them again?

General Evans The wires are cut. And the attack's due in twenty minutes. We're out of time.

Wyn Griffith But if I could find a line?

General Evans Yes. Of course I would. It's bloody madness. Bloody awful madness.

*Wyn Griffith leaves General Evans and begins his
search for an intact line. As he searches, Wyn Griffith
(Old) addresses the audience.*

Wyn Griffith (Old) The Germans dug deeper than us.
I don't mean their courage. I mean their dugouts, their
trenches. And their telephone wires. Buried deep, stretching
behind their lines for miles. Ours were shallow. Often
they weren't buried at all. A stumbling stretcher-bearer,
a stray shell searching our communication trenches.
Probably even a rat if it was hungry enough. Although
they rarely were . . . So they were cut all the time, you
see. Our lines. That might not sound catastrophic to you.
But believe me, I'd rather have had deeper telephone
wires than deeper dugouts or trenches.

A breath and a few words. That was all it took to
shelter a man from those bullets and shells. So that's why,
that day, I searched for an uncut wire not as if my own
life depended on it, but because hundreds of other men's
did. For so much of my time in the army I'd felt as if I
were fulfilling a role. One which could have been
performed by any other man. But as I searched for that
line, I felt as if I'd been chosen. As if that, and only that,
was why so far I'd been saved myself.

*His younger self now has General Evans at a telephone.
He is arguing with the person on the other end of the
line.*

General Evans And I'm telling you, numbers won't do it.
This isn't about bloody determination. The ridge is
exposed . . . There is no bloody smokescreen! No . . . It's
too late. By the time we're reorganised that'll have no
effect.

He turns to Wyn Griffith (Young).

Griffith. How many?

Wyn Griffith (Old) Around four hundred.

Wyn Griffith (Young) Four hundred, sir.

General Evans (*into the phone*) Four hundred. Nearly all our officers too. We have to postpone . . . Yes . . . Yes. Right.

He puts down the receiver and reaches for a notebook and pencil. As he writes:

It's off.

We need to be sure to get this message through. Take this and go up through the nullah. I'll go the other way. Hopefully one of us will get there. Good luck.

The aperture closes as both men exit. Wyn Griffith (Old) watches them go.

Wyn Griffith (Old) Evans saved the brigade from annihilation that day.

It was midnight before the last of our troops withdrew from that ridge. Behind them they left the bodies of those who'd died to prove machine guns can defend a bare slope. And they left the wood untaken too. But we all knew the time would come when we'd have to attack it again.

SCENE ELEVEN

De Sitter enters, appearing in one of the windows. Below him Soldiers fill the trench once more.

De Sitter 'The time would come.' 'In good time.' 'To pass the time.' 'Once upon a time.' No. Time does not 'come' or 'pass'. Einstein's ideas are making such thoughts obsolete. 'Past.' 'Present.' 'Future.' They are all equally real. To think otherwise is just arrogance. To succumb to the tyranny of 'now'.

Imagine, if you will, you could stand outside the universe. Not just outside space, but outside time as well. From this perspective you can see it all. The big bang at the beginning. And at the end, well, whatever happens at the end. But what is important is that all time is there. A block of it. What you call 'now' is a dot inside that block of time. But no more.

Other than your presence that point is indistinguishable from any other.

So do not 'remember' these men. Because they are no less in your pasts, than you are in their futures. We must no longer remember or prophesy. We must merely experience. Experience and feel. We do not define time, but nor does time define us.

He exits.

David Jones sits on an ammo box away from his three friends, who are brewing tea in a battered canteen. Dai cleans his rifle, Aneurin is preparing a piece of sackcloth from a sandbag as a cape.

David Jones takes out a sketchbook and addresses the audience as he sketches the men around him.

David Jones The smell here will stay with me for the rest of my life. A grey slime covers everything. Mixed with this is the smell of latrines, mildew, cordite, unwashed skin, whale-grease for trench-foot, chloride of lime. And, of course, the smell of rotting men.

But still, I'd rather trench life to army life outside them. At least here the military acquires some meaning. As do other people. Men are nicer to each other. Even the horrible bastards.

Ellis Oi, copper head! Brew?

David Jones Ta!

Even towards me. Just a platoon wallah. In the trenches, as low as you can go. We're the labourers. The fixers, the diggers of saps, the takers of buckets, the sinkers of latrines. Specialism is the hierarchy here. And I have none. The signallers, the bombers, the stretcher-bearers, the snipers. Even those suicide squads, the trench-mortar teams.

Then there's that other class, of course. The officers. The watchers and orderers over us doers and servants. Something of a dying breed nowadays. It's the cut of their jib what does it. Their silhouettes in those Sam Brownes, nipped coats, breeches.

He shows a quick sketch of an officer in silhouette.

Makes them easy targets. They've had to start trawling the ranks for promotions. The Colonel even asked me once.

Colonel Bell enters.

Colonel Bell Jones?

David Jones Yessir.

He goes to Bell.

Colonel Bell Why aren't you commissioned, Jones?

David Jones I'm not that sort of person, sir.

Colonel Bell That's nonsense, and you know it. You certainly sound like that sort of person.

David Jones But I'm not, sir. Really. I'm incompetent.

Colonel Bell Well we can soon see to that.

David Jones And I couldn't give other men orders, sir.

Colonel Bell That's rubbish. You're shirking your duty, Jones. As an educated man you should put in for a commission. What was your school?

David Jones Camberwell School of Arts and Crafts, sir.

Colonel Bell Oh. Right. Well, there you are then. That'll be all, Jones.

He exits into the dugout.
David Jones joins the huddle of three around the canteen. He pauses before he reaches them.

David Jones I should have said I wouldn't have minded being a general. And I fancy one of those 'British Warms' the officers have. The Burberrys. But *being* an officer? No. I feel closer to Wales with the private soldiers. And to history. We understand, with our bodies, not our minds, that history never ends, it just continues.

SCENE THIRTEEN

He joins the other three around their canteen over a fire. Dai is reading a copy of the The Daily Graphic. *Aneurin is tying string to his fashioned cape. Ellis hands David Jones a mug of tea.*

Ellis There you go, mucker. Cliff Trench finest, with just a hint of chloride of lime.

Dai And bacon.

Ellis Maybe a hint of bacon, but who's fucking complaining, eh?

Dai Christ, are you really bloody twenty?

David Jones Last November.

Ellis Jesus. Wish I knew your sister.

He takes the paper from Dai.

Dai I mean, Nye's only eighteen and even he looks older. I reckon you bluffed it, didn't you?

Aneurin puts on his sacking cape. He already has sacking cloth around his puttees.

Ellis Bloody hell, Nye! You put any more of that on and some wallah's gonna stick you in the fucking parapet.

Aneurin Keeps me dry, don't it? You watch, it chucks it down again like yesterday, you'll be in it soon enough.

Dai My bayonet, fair do's. But I'll stick with a greatcoat, thanks.

Aneurin Yeah, well, they're hardly growing on trees are they? Greatcoats.

Ellis Nor was that one. Corporal in the 16th wasn't it?

Dai He didn't need it no more.

Ellis Yes! Spurs–one, Everton–nil.

Aneurin So what's your Signals mate heard then, El? Any more?

Dai Course there'll be bloody more. Brass'll want another go at it, won't they?

Aneurin But p'raps not right away, isn't it? Not while we're in. They can't, not after yesterday.

Ellis 'Fraid I reckon Dai's on the money this time, Nye.

Dai Shit. Am I?

Ellis From what the signals hear anyway. My mate, he said there's a right stink up at division. As to the ruling of this show. The liaison officer's groom, well he said he heard some torf come out the gen'rals and say as how it was all going to be a first-clarst bollocks. Right murthering of Christen men and reckoned he'd be no party to this so-called frontal attack.

Aneurin Frontal attack?

Ellis Yeah. Cert we're to do it in the plain field. Jerry sitting tight in them bastard woods ain't he? So guess which mob 'as click'd for the job of asking him to move on – if you please – an' thanks very much indeed, signally obliged to yer, Jerry boy.

David Jones is rubbing his hands over his limbs, trying to get warm. Dai takes off his greatcoat and throws it to him.

Dai Here! Reckon you need this more than me. Bloody summer's night and you're shivering like Christmas.

Ellis Course he is. Hasn't got the help of your stuffing, has he?

David Jones begins putting on the greatcoat. It is far too large for him.

Dai Very funny. (*To David Jones.*) Only on lend, mind!

The coat drowns him.

Aneurin Bloody hell! More like the greatcoat's wearing you!

Ellis Oi, sarge! We've lost Jones. But it's alright, Dai's greatcoat'll take his place.

Aneurin 'Dai Greatcoat' – Now there's a name for you.

Dai Sounds good to me. Happy to send my coat over if that means I don't have to.

Beat.

You really think we'll shift him?

Ellis They say it's going to start with one hell of a bombardment.

Aneurin On the right positions though?

Dai picks his boots out of the water round their ankles.

37

Dai May as well bloody torpedo him round here.

Aneurin Except his trenches are dry.

Ellis Says who?

Aneurin Sergeant on that raid last month. Dry as a bone. Higher ground, isn't it? Proper back wall too, all wattle.

Dai Well, I'll take his knee boots if he don't need them. Gotta be better than these fucking puttees.

Ellis is studying an article in the paper.

Ellis Christ, this conchy propaganda's no bon for the troops. Wish Jerry'd put one on bloody Mecklenburgh Square. Garrotte Mr Bertrand-bloody-Russell with the Union Flag.

Aneurin I heard Evans saying as he'd got proper snug in his new positions in the wood. Brought up more heavies too. You really think it'll be soon?

Dai Now or never, they all agree on that, don't they?

Ellis They might today. But who knows? Always tampering with the bloody menu, aren't they? My signaller mate, he reckons there was a right atmosphere of Change Alley in the orderly room.

Dai reads something on the back page of the paper Ellis holds.

Dai Well, sod you, Father Vaughan! 'More zeal in the business of killing?' Give him a go in the bloody Bull Ring I say. See how he likes it.

The crump of a shell landing nearby. All of them look towards the sound.

Aneurin He's not half so disposed to turning the cheek as he was yesterday.

Ellis Knows what's coming, I'd say. Hoping to pick us off here, instead of out there.

The crump, echo and rumble of more shells landing.

Now there's a woman. Tetsy Villey. I saw her sing at the Palace. If I wasn't a married man . . .

Dai takes the paper.

Dai But you are, El, you are, so you just leave her to me is it?

Ellis You? Christ, that'd be a crying shame. Leave a woman like that to likes of you as never click'd.

Dai I have!

Ellis Course you 'ave, soldier, course you 'ave. But sucking on your mam's titties don't count, sonny boy.

Dai I did it with a French girl. When we stopped at a station. On the verge we were.

Ellis Course you were. An' then with her sister in the guard's room too I bet. What about you, Nye? Any fun down the *estaminet*?

Dai Haven't you heard? Nye's in love. Only one place for him to click an' it ain't in France is it, Nye?

Ellis That girl from training? What's her name? Syrup?

Aneurin Siriol. Her name's Siriol.

Dai Got a photograph?

Aneurin Maybe.

Ellis Ah come on then. Share the rations innit?

Reluctantly Aneurin takes a photograph from his pocket. He passes it to Ellis who nods appreciatively.

Very pretty. Heartbreaker, guaranteed.

Aneurin Hey! Alright. You've had your look.

Ellis passes the photo to Dai.

Dai Well, shwmae fach! Hyfred Nye, hyfred iawn.

Ellis I'd get some target practice in if I was you, Nye. Down the *estaminet*. She's no novice that one, by the look of her.

Aneurin Give it here, you –

He is cut off by a large explosion. The aperture flies open. Dirt is blown through it. The soldiers instinctively crouch and cover their heads. Except for David Jones.
    He speaks as if mesmerised by the shelling, which continues as he speaks.

SCENE FOURTEEN

David Jones An on-rushing pervasion, saturating all existence; with exactitude, logarithmic, dial-timed – of calculated velocity, some mean chemist's contrivance, a stinking physicist's destroying toy.

Out of the vortex, rifling the air it comes – bright, brass shod, Pandoran: with all-filling screaming the howling crescendo's up-piling snapt. Then the pent-up violence – a consummation of all burstings out; all sudden up-rendings and rivings-through – all taking-out of vents – all barrier-breaking – all unmaking. The dissolving and splitting of solid things.

Lights up on Wyn Griffith (Old) in the open aperture.

Wyn Griffith (Old) A scrap of song drifting across. A grey helmet, seen for a moment. Were the men in the other trenches our enemy? No, for most of the time our enemy was a piece of iron bursting in a ditch. This is what brought maiming or extinction. A mathematical computation made miles away.

Lights up on de Sitter, also in the aperture, his telescope beside him.

De Sitter This is a situation of some gravity. I realise that may seem obvious. But I do not mean a grave situation. Although that is, of course, where many of these men are heading.

No, what I mean is this is a situation of gravity. Every shell that leaves the barrel of a howitzer. Every bullet that spins from the rifling of a gun. They are all immediately in gravity's power. From their very first millisecond in the air, they are falling.

And so calculation is required. How do we control that fall, so it falls on to or into the bodies of other men? To do that, we must understand not only gravity, but also the turning of the earth. What scientists and artillery men call the Coriolis effect. And why is the earth turning? Gravity.

Wyn Griffith (Old) On the other side of the wood a German gunner twirls a few wheels, moves a bar of iron, and sends death soaring into the air. He goes for his dinner, while over here three Londoners are filling sandbags, arguing about Tottenham Hotspur. A flash, a noise, a cloud of smoke.

Another loud explosion.
The soldiers look offstage towards the sound of screaming.

Ellis Fuck 'em! They've killed old Parkinson! Blown 'is bloody head off, the bastards.

Ellis and Aneurin exit in direction of the explosion.

Wyn Griffith (Old) Fuck who? The unseen gunner going for his dinner? The man who sang across the way? No. Fuck everybody and everything. Fuck all who contributed to the sending of a quiet middle-aged Londoner to die in a struggle between two mathematical equations.

41

Ellis and Aneurin re-enter, carrying a stretcher between them. A blanket covers the body, a deep stain spreading where its head should be.

As they continue across the stage:

Ellis Four children. Four of 'em he had. Wife's name was Liz.

The sound of trench mortars being fired from the British trench.

Too right! Lob 'em some bloody mortars! Give him fucking hell, boys!

Through the aperture the mortars explode near the wood.

Ellis and Aneurin continue and exit with the stretcher.

German Voice (*from the direction of the wood*) Bloody Welsh murderers!

De Sitter It is not Germans against British at war here, or French against Germans, but bodies against gravity. Science against flesh. Natural Law against Nature.

Although, of course, humanity will win nothing here. No, our next great victory is about to unfold at a desk in Cambridge. This morning, Arthur Eddington will open the package I sent him. With sunlight casting shadows across Trinity's Great Court, he will read about Einstein's Theory of Relativity, and he will begin to understand.

Lights down on de Sitter.

A rumble of shell fire and explosion builds over the following speeches until both men are shouting against the noise.

David Jones We soon learn the sounds of them, and what to do when we hear them.

Wyn Griffith (Old) The collapse of the coal boxes, falling in the rear

David Jones The whirr of a whiz-bang

Wyn Griffith (Old) A five-nine's crash

David Jones A seven-seven's punch

Wyn Griffith (Old) The hiss of a grenade

David Jones The cough of a mortar

Wyn Griffith (Old) The smash of his canister

David Jones Filled with scrap

Wyn Griffith (Old) Nails, clocks, watches

David Jones Shrapnel's whipping crack

Wyn Griffith (Old) The smoke of woolly bears

David Jones An orchestra of iron

Wyn Griffith (Old) The devil at his keyboard

David Jones Until the drum-fire is reached

Wyn Griffith (Old) The perfect pitch

David Jones Of echo and rumble and split.
   Organised chemists, I tell you, can make more riving like this than even the wild boar Trwyth.

> *The barrage reaches a crescendo. Then suddenly stops. Silence. All bodies in the trench lie prone except for David Jones.*
>   *He looks up at the night sky.*

At night we try to sleep. In a dugout if you're lucky, or on the fire step. Most often, where you're sat. A few hours, perhaps, with just the sound of the rats – scrut, scrut, sscrut. Bead-eyed feast on us; by a rule of his nature. At night feast on the broken of us. The stars come out. A breath of quiet, till stand-to.

> *He wraps himself in a blanket and lies down to sleep.*

SCENE FIFTEEN

Antoinette appears in one of the windows. She wears a thin chemise. A Young Soldier enters. Antoinette holds out her hand.

Antoinette Cinq francs.

The Soldier looks unsure.

Five francs.

He hands her the money. She puts her hand down the front of his trousers and squeezes hard. She gives him a nod and turns away from him to lean out of the window. The soldier begins to undress behind her.

'Stand-to'. That is what they call it. 'Excuse-moi mamoiselle, mais non *stand-to.*' Usually the young ones. Eighteen, nineteen, the same age as me. Or the drunk ones, who come up after hours of singing their songs downstairs. Omelette on their breaths, and nothing in their trousers.

The Soldier approaches her from behind and begins fucking her.

But through the door and you pay your money, that's the house rules. 'Click or no click'. That's why Madame Algarte hands out those pills. 'To give you power,' she tells them. But they never do. So then it's out the door, and in with the next one. Because there's always a next one. On most nights there's a Tommy on every stair, all the way up to my uncle outside.

The Soldier finishes. Antoinette puts herbs in a bowl and pours in warm water from a kettle.

'Where there's a need there's money.' Isn't that what my uncle said? When food became short he sent me to work

here. He told me I'd be a waitress. But after a week
Madame Algarte said I had to work the rooms too.

*She offers the bowl to the soldier at waist height and
keeps it there as, with his back to the audience, he
swills himself.*

When I asked her why, she shrugged and said, 'C'est la
guerre.'

*The Soldier does up his trousers and leaves. She throws
the water out of the window.*

Antoinette 'C'est la guerre.' Why 'la' guerre? War is not
feminine. War is masculine. First it ruined my wood. And
now it is ruining me.

SCENE SIXTEEN

A whisper runs through the sleeping men:

Soldiers Stand-to, stand-to, stand-to.

*Aneurin is on watch, but dozing. Ellis gives him an
elbow to wake him.*

Ellis All quiet, china? Kipping, mate? Christ, you'll 'ave
'em all over.

*One by one the Soldiers begin to stir and take up their
rifles to move into position.*
*The upstage aperture gradually lightens throughout
the 'stand-to'.*
*Sergeant Snell passes among the men, whispering
encouragement, orders.*

Snell Stand-to! Stand to arms!

He kicks at a prone body.

Peel back those eider-ducks, me lovelies. It's tomorrow
alright.

The men gradually become more alert.

David Jones That morning, from out of the darkness, we see the land between us and them.

Snell Get out there, get into that fire trench! Pass it along. Stand-to.

David Jones It is beautiful. A field of uncropped grass, thistles, wild-sown mustard and wheat. At the top of its slope, pillowed in fog, Mametz Wood. Its trees, still dark, are full of birds, singing.

Snell Keep on that fire step! Keep a sharp look out!

As the Soldiers wake and stand to around him:

Sights down – watch the wire!

David Jones His wire thickets become visible, as dark surf before a strand.

Snell Keep your eyes skinned, lads. It's a likely morning.

The upstage aperture is fully open now. At regular intervals thin plumes of smoke rise through it.

David Jones And from beyond the glistering wall, blue smoke rises, to thin out amber against the eastern bright.

Snell Heads and shoulders, boys! Get 'em above the parapet. Heads and shoulders.

David Jones The broken tin glint, showing quite clearly now. Soft service caps wet-moulded to their heads, moving.

Heads tilt towards each other down the line as the Soldiers whisper to each other.

Soldiers Stand down. Stand down. Post sentries.

The Soldiers break formation, begin slapping their arms against the trench walls, stamping their feet, kicking the sandbags.

The aperture slowly closes.
The Soldiers, including David Jones, begin
preparing to march out of the line.
Aneurin drops his rifle.

Snell Oi! Cherish her! She's your very own, an' don't forget it. So cherish her! Hear me?

Aneurin Yes, sarge.

Snell Come zero she'll be the only friend you want, Lewis.

SCENE SEVENTEEN

The sound of many typists. The Soldiers assemble into
marching order around Wyn Griffith (Old) who watches
them. His younger self is busy downstage with papers,
files, maps.
The Soldiers begin marching.

Wyn Griffith (Old) On the 8th of July, after three days and the loss of seventy men, the 1st London Welsh were relieved. Handing over their sector, they spent the rest of the morning marching back to brigade reserve at Minden Post.

Snell Fall out!

The Soldiers break formation, lean rifles against each
other and relax on the ground.
David Jones sits slightly apart, writing in his
notebook.

Ellis Ah, good ol' Happy Valley. Thank fuck for that.

Aneurin Think we'll go back any further?

Ellis Not likely. If things balls up they can whip us in quick from 'ere, can't they?

Dai Get a good dekko till then though, don't you? Of the show I mean.

Ellis Bloody perfect. Watch some other poor bugger take the wood. Can't get better than that.

Aneurin Except not taking it at all.

Ellis strips down to his shirt as he looks over the rest of the regiment.

Ellis Bloody hell, like Hampstead Heath on holiday up here.

Dai rubs his feet.

Dai My bloody daisy roots are killing me.

Ellis Should have nicked them from a bigger body then, shouldn't you?

Aneurin Maybe we've missed it.

Dai Missed it?

Aneurin The attack. We've done our days in the line. So maybe it won't be us.

Dai Yeah. Maybe.

Wyn Griffith (Old) The next day, on the 9th, a new order came in.

The Soldiers reassemble to march once more.

Mametz Wood must be taken. Two thousand Welshmen had already tried on the 7th. Not a single one had got close. Because of this more must try again. And so the London Welsh marched back into the line.

As they march:

David Jones Through the shattered village

Ellis Past the smashed-up cemetery

Aneurin Into the mud of Fritz trench

Dai And the sodden sandbags of Danzig

David Jones To wait

Ellis And wait

Aneurin And wait

Dai For zero hour

David Jones When we would take the wood

Aneurin The waiting wood

Dai Full of Germans, waiting for us

Ellis To rise up and walk, like fucking Lazurus

David Jones Towards the wood, and its nesting machine guns.

For a few moments the soldiers wait, silent.

Wyn Griffith (Old) But zero hour never came. The division commanders were being changed. As punishment for the failed attack on the 7th. So after two hours of waiting, the London Welsh marched out again.

The Soldiers begin to march once more.

Dai Past the sodden sandbags of Danzig

Aneurin Out of the mud of Fritz trench

Ellis Past the smashed-up cemetery

David Jones Through the shattered village

Dai And back to Happy Valley

Aneurin Happy, happy valley

Ellis Tired, exhausted

David Jones Worn, footsore

Dai To watch and listen

Aneurin To the war once more.

Snell Fall out!

> *Once again the Soldiers drop their packs and rifles.*
> *They are exhausted, enervated by their two hours*
> *waiting to go over the top.*
> *Ellis and Aneurin, like many of the other Soldiers,*
> *take out pencils and letter paper to write.*
> *The rumble of a British barrage starts up again.*
> *David Jones takes out his notebook and begins to*
> *write, speaking to himself as he composes.*

David Jones The other slope is sunlit . . . but it is cool on this east-facing hill . . . Accidents of light within a lengthened calm . . . His shrapnel bursts, way beyond, are gauffered at their spreading edges with reflected gold.

> *Dai comes to sit beside him. He drains a bottle of*
> *water.*

Dai Christ, I'm so thirsty.

David Jones It's the fear.

Dai What?

David Jones The fear. It makes you thirsty.

Dai Oh. Right.

> *He nods towards his notebook.*

Not you as well?

David Jones Not me what?

Dai Writing home. They're all at it. I mean, quartermaster only took the mail yesterday. How many times can you say 'Hello darling, how are you?'

> *The barrage gets louder.*

David Jones Maybe they're not saying hello.

Dai considers this a moment, then rises.

Dai Right. Yeah. Fair do's.

As he walks away, he too takes out paper and pencil, then also sits to write.
  On the trench fire step Wyn Griffith (Young) and Taylor are looking over maps and papers.

Taylor Full frontal? With no flanking?

Wyn Griffith (Young) Yes. 13th and 14th Welsh at 04.12. Then all four battalions of the Fusiliers from here, at White trench, at 04.30. Walking pace, attacking west of the central ride.

Taylor Artillery?

Wyn Griffith (Young) A creeping barrage for the attack, lifting fifty yards every minute.

Taylor That gives them, what? Two hours to reach their first objectives?

Wyn Griffith (Young) About that. But there'll be a secondary bombardment too. It'll ease off just before the attack, to draw the Boche into his firing positions. Then we'll shell his front trench again. Catch them in the open. Anything from your end?

Taylor From what we can tell it's still the Lehr opposite, Prussian 3 Guards. With the 16th Bavarian and 122nd Württemberg in reserve.

He shakes his head, looking at the map.

I still don't understand. If there's no flanking movement, how do they hope to take it?

Wyn Griffith (Young) Numbers. We'll be three to one.

Taylor Here, perhaps. But by the time they reach the wood?

Wyn Griffith (Young) reaches into his haversack. He takes out the present for Watcyn, wrapped in red ribbon.

Wyn Griffith (Young) If you see my brother, will you give him this? I doubt we'll cross paths now. Not before . . .

Taylor Of course. I'll see he gets it.

Wyn Griffith (Young) Thank you, Taylor.

They shake hands.

Good luck.

Taylor leaves. Wyn Griffith (Young) returns to studying the maps.

SCENE EIGHTEEN

Ellis, Dai and Aneurin write as they speak. Edith, Helen and Siriol appear in separate openings in the aperture or in the windows. Siriol has a slight yellow tinge to the pallor of her skin.

Dai Mam, I am just writing to you in case of accidents. I'm sure you'll think I'm tapped to send you this, but we have some busy days ahead of us, and a lot of hard work.

Edith Dear Dai, Did you receive the last parcel I sent? I hope it came quickly as there was a cake and some fresh cabbage too. Mrs Bowen was in London last week and saw the Royal Mail Depot in Regent's Park. They say it is the largest wooden building in the world. Mrs Bowen said as it looked very efficient and busy, so I hope they sent my parcel to you quickly.

Helen To the head commander, 15th Royal Welsh Fusiliers. Dear Sir, I am the wife of one of your soldiers, Private Ellis Jones, and I have a request which I hope you will be able to grant. I know my husband had some leave earlier this year, but I would very dearly like to see him again. He has only seen his baby daughter once, and I think it is only right he should see her again soon. And as a wife, I too, need to see my husband.

Dai So, just in case, I wanted to let you know I am doing fine here, whatever happens. It is not so dirty after all, and I am with some good men. The officers are kind to us and when we are out of the line I am able to wash often.

Siriol Annwyl Nye, cariad. Yesterday I received your photograph. I took it with me out on to the pier, and looked at it for hours. But how I wish it had been you, and not a photograph. I know I always said I was grateful for the war for bringing you to me. But now I am only sorry. I want you back again and I want you in my bed again, like on our last night before you left.

Aneurin Annwyl Siriol, I hope with all my heart you never read this letter. But if you do, then know you have made me the happiest I have ever been in my life. I know we had so little time, but every second was like a day for me, and every day a year. These past weeks I have been praying for a wound. However bad, as long as it sends me back to you. Let us hope that still might happen and when I am healed we can marry, and find that cottage in the hills. But if I am not lucky enough to be wounded, and I do not return, then promise me one thing.

Edith Edna across the way has just sent her boy an armoured vest and she said I should do the same. I have asked her to tell me where I might buy one. Are you keeping warm enough? Mary's husband was home on leave last week and he said it had been warm in France, but with lots of rain.

Dai You said when I left I couldn't cheat death twice. Well, Mam, there's something I need to tell you. I wasn't in the pit. When the explosion happened. I wasn't with Tad like I said I was. I won on the horses, you see. I took the winnings to The Feathers. The next day, I slept it off in a field. Tad said he'd cover for me at the pit. I'm sorry I lied to you, Mam. But now you know. I haven't cheated death yet. So maybe I still can, just the once. If I don't then please know you have always been a good mother to us all, and I am sorry I did not stay. If I do have an accident you will get my paybook. Please know we are doing good work here, and try not to be too sad. Your loving son, Dai.

Helen I know you have lots of men under your command, but please, for the sake of my daughter, I hope you can grant my request. Yours sincerely, Helen Jones.

She begins to steam open an envelope.

Aneurin If I do not come through this, then please, marry only a good man. Marry a man who will love you as you deserve to be loved. Think of me, remember me, but do not let my memory cause you pain. I can hear you telling me I am crazy, but I promise, Siriol my love, I am saner now than every before, even if the world around me is mad. I can't stop thinking of your skin. Your breasts. So soft and so warm, when everything here is cold and rough. I love you, Siriol fach. Never forget that, but please, be happy. For me. With all my love, Aneurin.

Helen reads the letter inside as Ellis speaks.

Ellis Dear Megan, If you are reading this letter then I am a stranger to you. And I am sorry for that. When I saw you for the first time, in your mother's arms, and then when I held you in my own, I had hoped so much to spend many good years with you. To watch you grow into a woman. Well, that won't be possible now. But I want you to remember even if I am a stranger to you, and

54

I have not come home, you will always be my daughter, and I will always be your daddy.

Be good to your mother. Respect her and help her if she has pain. Always stand up for yourself, but try to be good too. It isn't always easy, but that doesn't mean you should not try. I wish we had spent more time together. I would like to have seen your face as a woman, and to have heard your voice. And I would like you to have remembered mine. Goodbye dear girl, and may we meet again in another life if not in this one. Forever, your loving daddy.

The barrage increases in volume. The Soldiers lie down to rest. The women recede out of sight. As David Jones stands, the barrage reduces to a rumble.

SCENE NINETEEN

David Jones And then at midnight, Captain Elias, with orders is come once more.

Snell Fall in! Battle order!

The Soldiers assemble, arrange their belongings. Some hurriedly eat the last of their rations.

Ellis What bastard's knocked off me trenching-tool carrier?

Dai Shit, I've got no room for my bloody rations.

Aneurin Eat them then. Better carry it in the belly than not at all.

Dai stuffs food into his mouth as he packs.
David Jones is trying to fit a tin of sardines in his pockets along with two grenades.

Snell Company formation! Platoons at fifteen yards! Quick march!

*The Soldiers form into a column and march. As they
do the sound of the barrage gradually increases in
volume and continues to do so throughout the scene.*

*When they come to a halt before the audience
Sergeant Snell orders them to 'about face' and they
turn towards the back wall of the trench.*

*From this point on, all orders are directed towards
the audience as well as the cast. In this way the audience
are marshalled out of their seats and on to the staging
area until they stand in three lines facing the back wall.
The soldiers stand in front of them on a raised fire step
before the upstage blacks, their rifles at 'high-port'
position. Very slowly, the blacks slide open to reveal
the aperture.*

Four lines, in company order! Don't bunch now! Keep
those spaces equal lads! That's it. Quick about it. On your
feet! On your feet! A company leading wave! B company
in support, C and D in reserve.

*Both the British barrage and the exploding German
shells increase in volume.*

Fix bayonets!

*Dai begins to lose it. His cries are quiet at first, but
quickly get louder.*

Dai Mam! Mam! No, I don't want to. Mam! Mam!

*Aneurin is next to him, Ellis on his other side. The
other Soldiers look unnerved by his outburst.
Aneurin grabs him roughly.*

Aneurin Dai! Pull yourself together. For Christ's sake,
now's no time for agonies. Dai!

Ellis For fuck's sake shut your mouth! You want one of
this lot to stick you? Cos they will, you know? They'll
fucking do you in if you don't shut up.

Aneurin Rum! Pass down the rum!

*A bottle of rum comes down the line. Dai swigs
heavily, as does Aneurin and then Ellis.*
    *David Jones turns again. He must speak louder and
louder over the guns and the shells. As he does so he
becomes increasingly rapt in the imminent attack.*

David Jones And the place of their waiting was a long
burrow, in the chalk a cutting – but all too shallow
against his violence.

Snell Seven minutes!

David Jones And seventy times seven times to the minute
this drumming of the diaphragm. From deeply inward
thumping all through you beating. And is there not
anyone to stop, can't anyone – someone turn off the tap
before it snaps.

Snell Four minutes!

Aneurin is violently sick.

All companies forward! Forward to the parapet!

Machine-gun fire kicks dirt through the aperture.

David Jones And the world crumbles away. You have not
capacity for added fear. Only the limbs are leaden, and
rifles all out of balance, clumsied with auxiliary steel – it
bitches the aim as well.

Snell Zero minus two minutes!

A heavy shell lands closer still.

One minute!

*The Soldiers, as one, cock their rifles. The barrage and
shells suddenly stop. From offstage left comes the faint
sound of Welsh voices singing 'Lover of my Soul' to
'Aberystwyth'.*

David Jones But that's on the right with the genuine Taffies.

The Soldiers of the 15th either side of him begin to hum their own tune, then, very softly, to sing what sounds like a hymn. Their volume increases through David Jones's speech, revealing the song to be a re-arrangement of Queen's 'Who Wants to Live Forever'.

But we are rash levied from Islington and Hackney and the purlieus of Walworth, flashers from Surbiton men of the stock of Abraham from Bromley-by-Bow, Anglo-Welsh from Queensferry, rosary-wallahs from Pembroke Dock, lightermen with a Norway darling from Greenland stairs and two lovers from Ebury Bridge, Bates and Coldpepper, that men called the lily-white boys.

Fowler from Harrow and the House who'd lost his way into this crush. Dynamite Dawes the old 'un and Diamond Phelps his batty from Santiago del Estero and Bulawayo respectively, both learned in ballistics and wasted on a line mob.

The Soldiers reach their crescendo with the end of his speech.

Silence.

Sergeant Snell puts a whistle to his lips and blows. More whistles blow offstage on either side. The Soldiers climb over the trench wall and through the aperture.

A section of the trench wall is removed and the audience are ordered to follow the soldiers over the top and into the field.

Snell Walk don't run. Hold the line. No bunching on the right. Hold the line. Hold the line.

Act Two

The audience, on the command of Sergeant Snell, line up opposite the wood, then follow the soldiers across no man's land towards it.

The sounds of gunfire, artillery, screams.

A group of Women bearing placards emerge from the wood and walk towards, and then through the audience. As one they recite the 'Little Mother's Letter'.

Women To the Editor of *The Morning Post*. A mother's answer to 'A Common Soldier'. A message to the bereaved. A message to the trenches. A message to the pacifists. Dear Sir – As a mother of an only child – a son who was early and eager to do his duty – may I be permitted to reply to Tommy Atkins?

To the man who pathetically calls himself a 'common soldier', may I say that we women, who demand to be heard, will tolerate no such cry as 'Peace! Peace!' Where there is no peace. The corn of that land watered by the blood of our brave lads shall testify to the future that their blood was not spilt in vain.

The blood of the dead and the dying, the blood of the 'common soldier' will not cry to us in vain. They have done their share and we, as women, will do ours without murmuring and without complaint. Send the pacifists to us and we shall very soon show them that in our homes there shall be no 'sitting at home warm and cosy in the winter, cool and comfy in the summer'. There is only one temperature for the women of the British race, and that is white heat.

We women pass on the human ammunition of 'only sons' to fill up the gaps, so that when the 'common

59

soldier' looks back before going over the top, he may see the women of the British race at his heels, reliable, dependent, uncomplaining.

We gentle-nurtured, timid sex did not want the war. But the bugle call came and we have hung up the tennis racquet, we've fetched our laddie from school, we've put away his cap and we have glanced lovingly over his last report. We've wrapped them all in a Union Jack and locked them up, to be taken out only when the war is over.

Women are created for the purpose of giving life, and men to take it. Now we are giving it in a double sense.

As the audience pause at the entrance to the wood the Women, now behind them, sing 'Suo Gan'.

Snell Take the wood! Take the wood!

The audience advance into the wood, passing vignettes being played out among its trees, including:

Two rugby players in Welsh kit repeatedly run, fall, pick themselves up, run and fall again.

A very young soldier bayonets an imaginary enemy in perfect training-ground style, screaming as he does.

A mother washes her dead son.

A pair of young lovers have sex for the first time.

A Welsh soldier and a German soldier, having bayoneted each other, slowly turn, joined by their violence.

A soldier stands in a depression in the ground, filled with blood.

Another group of soldiers cower, terrified under shelling.

A British soldier and a German soldier, in depressions either side of the path, sing songs in English and German, each trying to drown out the other.

A dead German soldier recites Robert Graves's
'A Dead Boche'.
Close by, circling the audience, Watcyn runs.
As the audience reach a clearing bordered by fallen
logs:

BBC Producer's Voice (*voice-over*) In your own time Mr
Jones. In your own time.

David Jones (*voice-over*) Every one of these stood,
separate, upright, above ground, blinkt to the broad light
risen dry-mouthed from the chalk, vivified from the
Nullah without commotion, and to distinctly said words,
moved in open order, keeping admirable formation and
at the high-port position.
  Walking in the morning on the flat roof of the world,
skin gone astrictive, for fear gone out to meet half-way –
  But sweet sister death has gone debauched today and
stalks on this high ground with strumpet confidence,
makes no coy veiling of her appetite but leers from you to
me with all her parts discovered.
  By one and one the line gaps, where her fancy will –
howsoever they may howl for their virginity she holds them.
  But how intolerably bright the morning is where we
who are alive and remain walk, lifted up, carried forward
by an effective word.
  There doesn't seem a soul about yet surely we walk
already near his preserves; there goes old Dawes as large
as life and there is Lazarus Cohen, like on field days, he
always would have his entrenching tool hung low,
jogging on his fat arse.
  You drop – the sun gone out. Strange airs smite your
body and muck rains straight for heaven and everlasting
doors lift up for '02 Weavel.
  You can't see anything but sheen on drifting particles.
You move forward in your private bright cloud like one
assumed who is borne up by an exterior volition.

The gentle slopes are green to remind you of South English places, only far wider and flatter spread and grooved and harrowed criss-cross whitely and the disturbed subsoil heaped up albescent.

Across this undulated board of verdure chequered bright, when you look left and right, small, drab, bundled pawns severally make effort moved in tenuous line and if you looked behind – the next wave came slowly, as successive surfs creep in to dissipate on flat shore; and to your front, stretched long laterally, and receded deeply, the dark wood.

There, between the thinning uprights at the margin straggle tangled oak and flayed sheeny beech-bole, and fragile birch whose silver queenery is draggled and ungraced, and June shoots lopt and fresh stalks bled, runs the Jerry trench.

And corkscrew stapled tripwire to snare the briars and iron warp with bramble weft with meadow sweet and lady smock for a fair camouflage.

Mr Jenkins half inclines his head to them and makes the conventional sign.

He sinks on one knee, and now the other, his upper body swings like a pendulum, and the clock run down.

You stumble in a place of tentacle. You seek a place made straight. You blame the artillery. You stand waist deep. You stand upright. You stretch out your hands to pluck at Jerry wire as if it were bramble mesh.

There are five of number 1.

Six of number 2.

Two of number 3.

Four of number 4.

A lance-jack.

A corporal.

And so these nineteen deploy, between the rowan and the hazel, go forward into the deeper shades.

And foxes flee, whose warrens know the shock. And

birds complain in flight – for their nests fall like stars and all their airy world gone crazed and the whole woodland rocks where these break horns.

It is largely his machine guns in Acid Copse that do it, and our own heavies firing by map reference, with all lines cut and no reliable liaison.

Impaling this park on all sides but one, from digged-in-pits and chosen embushments they quite easily train dark muzzles to fiery circuit and run with flame stabs to and fro and get a woeful cross-section on flora-spangled khaki pelvises and where rustling, limbs thrust from nurturing sun-hidden, late-flowering dog-rose spray. Let fly like bower's ash, disturbed for the pressing forward, bodies in the bower, where adolescence walks the shrieking wood.

The audience sit. The air smells of freshly broken wood and earth.

The Soldiers and the Women enter the clearing and drop to the floor, their bodies prone.

Act Three

*Wyn Griffith (Old) enters the clearing. He carries his
shopping bags full of groceries.*
*He looks out of the clearing, as if tracing the progress
of someone walking towards him from far away.*

Wyn Griffith (Old) I received the message a little before
seven in the morning. The Brigade Major was wounded.
I was to go up at once and assist the General in the wood.

I passed two barrages on my way to Mametz. The first
was German shells, targeting the wood's approach. But
they paled in comparison to the second.

Men of my old battalion were lying dead and destroyed
everywhere. I felt I had run away. I entered the wood.

*Wyn Griffith (Young) begins to make his way through
the wood towards the clearing.*

Years of neglect had turned the undergrowth into an
impenetrable barrier, over a mile deep. The shelling had
thrown trees and branches into sudden barricades.
Equipment was scattered everywhere, and there were
more corpses than men.

*Wyn Griffith (Young) pauses just outside the clearing.
He looks up.*

But there were worse sights than corpses. Limbs.
Mutilated torsos. Here and there a detached head. So
much red against the green. One tree, as if in advertisement
of our crucifixion of youth, held a severed leg, its torn
flesh hanging over a spray of leaf.

I stared at that tree, flaunting a human limb, knowing
a message would soon be on its way to some quiet village

in Wales, or to a grey farmhouse on a hill running down to Cardigan Bay, or a miner's cottage in a South Wales valley. That the sun could shine on this mad cruelty and on the quiet peace of an upland tarn near Snowdon, at what we call the same instant of time, threw doubt upon all meaning in words.

Death had been warped by us, from a thing of sadness into a screaming horror. No longer content with stealing life from its shell, it now trampled in lunatic fury upon the rifled cabinet we call a corpse.

His younger self enters the clearing, as do Taylor and General Evans They set up with maps and papers.
Wyn Griffith (Old) watches his younger self take in the scene.

I walked on lost to all sense of far or near, up or down, either in time or space. Past and future were equidistant and unattainable.

Soon I came to a place where the shells had trampled the wood completely. An uneven circle, in which the earth showed red and fresh and the splintered trees shone with a damp whiteness.

After all these years, that round ring of man-made hell still bursts upon my vision, dwarfing into nothingness objects we call real.

Wyn Griffith (Young) sees Taylor and General Evans poring over a map of the wood and goes to them.

Wyn Griffith (Young) Taylor.

Taylor Ah, Griffith. You got through.

Wyn Griffith (Young) How's the Major?

Taylor Shrapnel. His gammy leg.

Wyn Griffith (Young) Is this headquarters?

General Evans We've got to be somewhere. And they can find us here at night too. Take a report.

Wyn Griffith (Young) takes out a notebook and pencil.

We're to secure the line against counter-attacks. It's pretty irregular, from about three hundred yards from the end of the wood, bending back towards the west.

Taylor It's a bit of a bloody mess to be honest. Nobody really knows where anyone else is. The other brigades, what's left of them, are still here.

General Evans The units have got mixed up. But they're straightening themselves out now, digging in where they can.

Wyn Griffith (Young) Are we to clear the wood?

General Evans No. Our orders are to take over the line, that's all. We don't know the enemy's strength at the far end.

Taylor But we're getting reports of considerable numbers along the northern edge, and strong in machine guns too.

Wyn Griffith And if we do attack?

General Evans With bayonet only. By surprise. It's the only way, without a bloody barrage to tell them we're coming. If the artillery will just keep quiet, we might do it. Now, get that to Division.

Wyn Griffith (Young) tears off his report and hands it to Taylor.

Wyn Griffith (Young) Have your lines held?

Taylor No. As soon as we mend one the Boche breaks it. All messages are by runner now.

Wyn Griffith (Young) Are they getting through?

Taylor Some. I'm having to send three for every message. I've lost seven already. It's a bloody butcher's shop, Griffith, the whole thing. Don't give me anything that isn't essential.

A Messenger enters and goes directly to General Evans and hands him a message.
General Evans reads.

General Evans Bloody madness! We're to attack at once. Division say the enemy's defence is incomplete. What the hell do they know? Taylor?

Taylor Our reports say the northern edge is strongly held, sir.

General Evans Christ, well, that puts us right in the bloody middle, doesn't it?

A succession of heavy explosions sends all the men to the ground. Only Wyn Griffith (Old), looking on, remains upright. The sound of more incoming artillery and explosions. Smoke begins to drift in to the clearing.

That's our own fucking artillery! What the hell are they doing? Griffith! Get a message down there now! As many runners as it takes. Stop the barrage! How are we meant to attack if our own shells have fucking ruined us first?

As Wyn Griffith (Young) scribbles a message his older self comes deeper into the clearing to stand next to him. As he hands the message to Taylor he seems to be silently willing him not to.

Wyn Griffith (Young) Send them by all routes at once. This has to get through. Whatever it takes.

Taylor exits the clearing.
Wyn Griffith (Old) watches him go.

Aneurin stands.

Aneurin Somehow I made it into the wood. When we rushed the first trench I tripped. Fell on to the body of a dead Boche. I waited for the steel between my shoulder blades. But it never came. So I pushed myself off him and carried on.

So many of us were dead by then. Or dying. We regrouped with strangers, men from other companies, battalions. It was slow, but we fought on. They were as exhausted as us. We were so thirsty, but when the water bottles came back every second one was holed. The wounded were crying out for water, water. I don't know how, but I was still alive.

Siriol stands. Her skin is a deeper hue of yellow.

I began to think maybe I'd come through. Maybe we'd be married after all. Maybe Siriol would never see my letter.

Siriol slowly walks towards Aneurin.

Siriol You. You. You.

Aneurin But then our own shells started coming down. Nine-Twos, Five-Nines. We didn't stand a chance. I heard the scream of one coming. 'You!' It seemed to cry. 'You! You! You!' And it was me. A shell made at home, coming through the trees. Made in Caernarfon perhaps. Had Siriol touched its steel? Had her breath clouded its brass? In a way I hope so. That would be something, at least.

Siriol reaches him.

Siriol Only those who no longer love should be sent to war.

Dai stands.

68

Dai When we saw each other we just stopped. He was coming round a tree. I was picking myself up from a five-nine at our rear. We just looked at each other. Him a big bugger too. His beard was covered in earth and ash. Then we remembered, at the same time. Why we were there.

Edith stands. She carries a bucket of soapy water and a dripping sponge.

I tried screaming as I went for him. Like we were taught. But nothing came out. Just a gasp, a little gasp as his bayonet went into my belly. At the same time I felt mine, slipping into his, grating on his spine.

We kept pushing, both of us. And then we stopped. I tried to pull back, and so did he. But it was too late. We were stuck. I looked into his face, and he looked into mine. And there we were – the men who would end each other's lives.

Edith approaches Dai.

My whole belly was hot with pain. His was too, I'm sure. His eyes flicked and he coughed up blood into his beard. As he sank, he took me with him. My company were still advancing. I could see their puttees and boots passing. His face went foggy. I tasted blood. I couldn't tell if it was his or mine.

Edith begins sponging Dai down.

And I was so sad. Not scared, cos it had happened now, hadn't it? But so sad. And sorry too. For Mam, because she'd lost me now.

Edith Only those with no mothers should be sent to war.

Ellis stands.

Ellis I never reached the wood. Those Jerry gunners were good. Had as clean a traverse as any of us. Had that two-inch tap perfected. But they had it easy too. Us, so slow across that field. I got two in the chest, then one through the eye as I went down.

Helen stands.

They began shelling the approach just after. Churned up that field good and proper. And anyone still in it. Within minutes there was nothing left of me. So that's where I stayed. In that field, that soil. Never found.

Helen begins walking towards him.

I don't know if it was grief or wanting to forget, but Helen lost my papers. So my name got churned up too – with all those other Joneses. People didn't want to talk details after the war, did they? So when Megan came trying to find me, she couldn't. All she had was that photo I sent, taken in the village. She even came here, to Thiepval, to find my name on a wall at least. She was thirty-five by then. Had her own daughter. But which name? You seen how many Joneses are on that thing? She wasn't even looking in the right regiment. I mean, why should she? We're Londoners. So she went home, without knowing where I died.

Helen reaches him. She beats her hands against his arms, his chest, but he can't see her.

Helen Only those with no children should be sent to war.

SCENE THREE

Wyn Griffith (Old) is standing beside his younger self as he and General Evans go through his plan to clear the wood. Taylor enters at the edge of the clearing.

Wyn Griffith (Old) It was dusk when Taylor came for me. Our own artillery had poured shells into the wood for almost an hour. None of the first runners had returned, so I'd sent more. Eventually the barrage stopped. When it did, I allowed myself to hope that perhaps the worst might be over.

Taylor Griffith?

Wyn Griffith (Young) doesn't hear him.

Llewelyn.

Wyn Griffith (Young) goes to Taylor. His older self follows him. Taylor holds out the present for Watcyn he gave him earlier.

I'm sorry.

Wyn Griffith (Young) looks at the present but does not take it.
Wyn Griffith (Old) takes the same present from his jacket pocket.

Wyn Griffith (Young) How do you know?

Taylor That last message, to stop the barrage. He was one of the runners. He made it through, Llew.

Wyn Griffith (Young) But not back?

Taylor No.

Wyn Griffith (Young) So he's still out there? I have to go to him.

He goes to leave the clearing. Taylor restrains him.

Taylor He's gone, Llew. I'm sorry. I had to send him.

Wyn Griffith (Young) You're sure?

Taylor Yes.

Wyn Griffith (Young) takes the present from Taylor.

Taylor At least he's out of it now. He's out of it.

Wyn Griffith (Young) looks up. For a brief moment his eyes meet those of Wyn Griffith (Old).

Wyn Griffith (Old) I had sent my own brother to his death. My younger brother, bearing a message in my own hand. I had done so in an endeavour to save other men's brothers. But now Watcyn was gone. Just nineteen, and he was gone.

Beyond the clearing Watcyn runs, through the trees and out of sight.

General Evans Griffith! Griffith!

Stirred from his shock by General Evans's voice, Wyn Griffith (Young) goes to him.

More orders from Division. It's no use, they're insisting we clear the wood. Draw up orders for the company commanders.

Wyn Griffith (Young) Yes, sir.

General Evans and Wyn Griffith (Young) exit.

SCENE FOUR

David Jones enters the clearing with other Soldiers, advancing slowly and carefully.

David Jones And so till midnight and into the ebb-time when the spirit slips lightly from sick men and when it's like no man's land between yesterday and tomorrow and all these here lying begin to die on both parties.

They again feel forward, and at this time the gunners seem preoccupied, or to have mislaid their barrage-sheets, or concerned with affairs of their own.

In the very core and navel of the wood there seems a vacuum, as though you'd come on ancient stillness in his most interior place.

The faint sound of shells overhead.

And high away and over, above the tree-roofing, indifferent

to this harrowing of woods, trundling projectiles intersect their arcs at the zenith. Pass out of hearing like freighters toil to gradients when you fret on beds and guess of far destinations.

They pause beside a dead Welsh soldier.

And here and there and huddled over, a Picton five-feet-four paragon for the Line, from Newcastle Emlyn or Talgarth in Brycheiniog, lying disordered like discarded garments, or crumpled chin to shin-bone like a Lambourne find.

They begin to advance again.

But you seek him alive, from bushment and briar – perhaps he's where the hornbeam spreads.

Rifle shots and bursts of machine-gun fire. The whizz of bullets. Muzzle flashes all around the outside of the clearing. The Soldiers go down, hit. Only David Jones is left still standing.

David Jones He finds you everywhere. His fiery sickle garners: fanged-flash and darkt-fire thirring. And comfortably over open sights, the gentlemen must be mowed.

Another burst of machine-gun fire. David Jones goes down, hit in the leg.

SCENE FIVE

De Sitter enters the clearing. As he speaks he walks among the prone bodies.

De Sitter Although it will take some time for the truth of what happens at the Somme to reach Britain, when it does, the gravity of the loss will have an immediate effect. The British government will introduce the Conscription Act. Every man under forty must go to war.

In 1916 Arthur Eddington is thirty-five. He has fallen in love with Einstein's idea, and he wants to take it to the world. But his government only want him to go to France. He appeals to the military tribunal. His appeal is refused. So he appeals again.

In 1918, he is told that if he will not fight, then he must go to jail. But then he is saved. By the very idea he championed. The Royal Society wants to test the Theory of Relativity. They are sending an expedition to observe a total eclipse at the Arctic. Arthur Eddington, they assure the tribunal, is the only man who should lead it.

So he does. And the first major breakthrough after the war, is the proving of a German idea by British scientists. Maybe, just maybe, we are back on track.

He looks around the destruction once more.

Forwards *and* backwards. That is the problem. The gunners who made this bloody circle learnt from us scientists. And so will future generals and profiteers. The V1. The V2. The A-bomb. The H-bomb. Napalm. The Hellfire. The drone. Forwards *and* backwards. But still, we must go further. Otherwise what have our mistakes been for? After all, they are not safely buried in the past as we might think them to be. They live with us. They are us. So we must act in such a way as to make them right.

De Sitter exits.

SCENE SIX

David Jones begins to crawl with his rifle towards a large oak at the edge of the clearing.

David Jones And to him it came as if a rigid beam of great weight flailed about his calves, caught from behind by ballista-baulk let fly. When golden vanities make about, you've got no legs to stand on.

It's difficult with the weight of the rifle.

Leave it – under the oak. Leave it for a salvage bloke. Let it lie bruised for a monument. Dispense the authenticated fragments to the faithful.

It's the thunder-besom for us. It's the bright bough bourne. RSM O'Grady says it's the soldier's best friend if you care for the working parts, and –

Sergeant Snell enters. He goes about the bodies checking and cocking their rifles.

Snell Let us be 'aving those springs released smartly.

David Jones And –

Snell Clickety-click and one up the spout.

David Jones And –

Snell You men must really cultivate the habit of treating this weapon with the very greatest care.

David Jones And –

Snell There should be a healthy rivalry among you, it should be a matter of very proper pride.

David Jones And –

Snell Marry it, man! Marry it! Cherish her! She's your very own. Coax it, man, coax it. It's an instrument of precision. It cost us taxpayers' money. Fondle it like a granny – talk to it – consider it as you would a friend. You've known her hot and cold. You would choose her from among many. You know her by her bias, and by her exact error at three hundred, and by the deep scar at the small, by the fair flaw in the grain above the lower sling-swivel –

A burst of machine-gun fire. Sergeant Snell goes down.

David Jones But leave it under the oak.

He props his rifle against the tree and collapses.

75

Wyn Griffith (Old) I never found Watcyn. So I couldn't even bury him. We took the wood. But for the rest of the war we carried on fighting over it. In 1918 more Welsh died among its trees when the 38th were ordered to take it once more. But by the following spring, it was all over, and there was already new growth. Saplings, seeded from the trees we'd destroyed.

For several weeks after leaving the army I stayed in uniform. If it had not been for the joy of being with Win again, I would have been utterly miserable. A lost man, speaking a different language.

But Win taught me our old language again. And in time I became fluent.

I returned to my tax job, and we had two sons, John and Hugh. John was killed in the next war, in a raid over Lübeck. Wars, it seems, seed easily too, one from the other.

He goes to a gramophone at the edge of the clearing and drops the needle to the record. The last movements of Bach's 'St John Passion' begins to play.

As for Mametz, I've never been back, but then I don't have to, because it's never left me.

Wyn Griffith (Young) enters and begins gathering papers, maps. Wyn Griffith (Old) watches him.

To be honest, I'm not sure what I thought, at the time. I was too tired, too scoured by grief to think. But I do know what I felt. That wrong was in the saddle, all the world over. My counsel, had anyone asked me for it, would have been simple: 'Not thus . . . not thus.'

His younger self begins to leave the clearing.

I felt no triumph or victory as we left Mametz. On the

contrary, we were all governed by a dark weight of failure. Mametz Wood had been taken, but not by us it seemed.

Wyn Griffith (Young) exits the clearing.

We, who marched away, were the rejected. The dead were the chosen.

He watches Watcyn run past and away one last time.

They captured Mametz Wood, and in it they lie.

He exits. The record comes to an end behind him, but continues to revolve.

SCENE EIGHT

Antoinette enters the clearing, carrying a basket of small branches. She goes about the prone bodies of the soldiers, shaking them, embracing them.
Speaking from the clearing's edge, Helen, Edith and Siriol narrate her actions as she moves between the men.

Edith The Queen of the Woods has cut bright boughs of various flowering.

Siriol Her awarding hands can pluck for each their fragile prize.

Helen She speaks to them according to precedence.

Edith, Siriol *and* **Helen** She knows who is most lord between the high trees and on the open down.

Edith Some she gives white berries, some she gives brown.

Siriol Emil has a curious crown, it's made of golden saxifrage.

Helen Fatty wears sweet-briar, he will reign with her for a thousand years.

Edith For Balder she reaches high to fetch his.

Siriol Ulrich smiles for his myrtle wand.

Helen That swine Lillywhite has daisies to his chain.

Edith She plaits torques of equal splendour for Mr Jenkins and Billy Crower.

Siriol Hansel and Gronwy share dog-violets for a palm, where they lie in serious embrace beneath the twisted tripod.

Helen Sion get St John's wort – that's fair enough.

Edith To Aneurin-in-the-nullah she carries a rowan sprig, for the glory of Guenedota.

Antoinette looks around for David Jones. He remains prone under the tree.

Edith, Siriol *and* **Helen** Dai Greatcoat, she can't find him anywhere – she calls both high and low, she had a very special one for him.

Antoinette goes to David Jones and lays his head in her lap.
Edith, Siriol and Helen sing 'The Ship Song' by Nick Cave, as arranged by Camille O'Sullivan.

David Jones Let it lie for the dews to rust it. Or ought you to decently cover the working parts? Its dark barrel, where you leave it under the oak, reflects the solemn star rising from Cliff Trench. It's a beautiful doll for us, it's the Last Reputable Arm. But leave it – under the oak. Leave it for a Cook's tourist to the Devastated Areas, and crawl as far as you can, and wait for the bearers.

Slowly, all the prone bodies stand. They face the audience. The flash of a camera, the sound of an explosion.
Blackout.

Appendix

John Lucy? Luce? Can you hear me?

Lucy Yeah. Hello. God, where are you?

John Where are you? I can't see you.

Lucy Looks like you're sitting in a tin or something. Where are you?

John Turn on your camera, Luce. I can't see you.

Lucy It is on.

John No, it isn't. Look for the video icon. At the bottom.

Lucy Where? Oh, yeah. How's that?

John Yeah, there you are! Bring it down though, Luce. I can only see your hair.

Lucy What's wrong with my hair?

John Nothing. But I want to see your face, don't I? That's it. Hello.

Lucy Hello. (*Beat.*) Seriously, where are you?

John In the trench innit? The one I told you about.

Lucy What, already?

John I know, crazy isn't it? It's all been brought forward.

Lucy So when does it all happen then? Do you know?

John Soon. Plans keep changing. We've been practising loads. I'm fucking knackered.

Lucy John! My mum might hear.

John Shit, is she there?

Lucy No! But if she's going past on the landing.

John What, so we can't, you know . . .

Lucy No!

John Not even a little bit? You don't have to make any sound. Just a quick flash.

She leans in to whisper.

Lucy John, I am not going to show you my tits with my mum outside.

John I'll give you a look. I'm rock hard, Luce, I swear.

Lucy Yeah?

John Yeah, course I am. Just seeing you does it.

Lucy Go on then.

John What?

Lucy Give us a flash.

John What, here?

Lucy Yeah. You said you would.

John I'll have to go somewhere else.

Lucy Why?

John The other lads innit? And we'll be practising again soon. Any minute I reckon.

Lucy Yeah, yeah. All mouth, that's you.

John That isn't what you said last time.

Lucy No.

John It was you who was all mouth then. Bloody lovely it was too.

Lucy John! I told you. My mum.

Beat.

John I do miss you though, babes.

Lucy I miss you too. When will you be home?

John Once this is done I guess. Soon.

Lucy Oh God, that's what I had to tell you. Did you see Sharon's post?

John Oh Jesus, yeah.

Lucy What a cow, eh? Can you believe it? I swear Jackie is going to go ballistic when she sees it.

John Reckon it's true then?

Lucy Course it's true. She's always been a right slag.

John Yeah, right.

Lucy Ain't she?

John Well, I don't know. She was all right in school.

Lucy All right? Oh God, you didn't, did you? With Sharon?

John What? No. No. Well, not really.

Lucy Oh God, John, you didn't? Why didn't you tell me?

John It was ages ago wasn't it? In like, year ten or something.

Lucy Year ten? I can't believe you didn't tell me. Why did you lie to me?

John Lie? I didn't lie to you, Luce!

Lucy Yes you blood—

John Luce? Luce? You still there? Ah, shit.

He redials.

Among the Dead, 7 July 1916

16TH BATTALION, THE WELSH REGIMENT

GEORGE ALDRIDGE

CHARLES HOARE

W J JAMES

J KEELEY

CHARLES LEDWARDS

DANIEL MARTIN

PERCY MIDDLETON

F R MAY

J MURRAY

ALBERT THOMAS OLIVER

O J POOLE

FRANK WUINN

J RICHARDS

E RUNDLE

T W SHAW

T TEDSTONE

LEONARD TREGASKIS

ARTHUR TREGASKIS

G H TOMLIN

J BANNISTER

W S CARTER

STANLEY CHURCH

H J CHARLES

T COOPER

WILLIAM DAVIES

GEORGE WILLIAM GODFREY

J J ORMOND

W PAVEY

F ROWLANDS

ELLIS HORTON KNIGHT

E A LEYSHON

EDGAR JAMES GILBERT

REGINALD DAVIES

THOMAS DANDO

JOHN HENRY BROWN

CHARLES ERNEST COLLIER

HAROLD EVETT BURGESS

GEORGE WILLIAM BOWLER

EDWARD JAMES BENNETT

ERNEST BIRD

HERBERT BRISEN

ROBERT CHARLES
BLACKMORE

THOMAS EDWARDS

ARTHUR ERNEST ASHTON

GILBERT GOM

EDWARD JOHN DAVIES

ALBERT EDWARD BOUCHER

JOSEPH BRADY

CHARLES NORTON
BRECKENRIDGE

DONALD CLARENCE DURRAN

JOHN PATRICK CONOLLY

HERBERT LESLIE BROWN

GEORGE FREDERICK BRAIN

ALFRED H CLARKE

EDGAR BRAMHALL

WILLIAM BIRD

CHARLES GEORGE

ALBERT EDWARD EDWARDS

JOHN EMANUEL
DAVID HUGHES
DAVID THOMAS HUGHES
ROBERT HUNTER
ALFRED HUTTON
JOHN JAMES JENKINS
THOMAS JOHN JONES
FREDERICK WILLIAM LEWIS
WILLIAM LEYSHON
SAMUEL MCCONNELL
ELI PALMER
ROBERT JOHN HARRIS
RICHARD HURLEY
HERBERT WALLACE KENDALL
CLIFFORD LEWIS
LYNDON ROGERS
SAMUEL JENKINS
THOMAS JOHN
DOUGLAS MATTHEWS
CHARLES HARRIS
ARTHUR HOLLY
HENRY LOVERIDGE
FRED HOWARD
SIDNEY IVOR JONES
ROBERT THOMAS JONES
JOHN LEWIS
GILBER LEWIS OTTON
SIDNEY CHARLES
HAMBLETON
WILLIAM HERNIMAN
JOHN EDWIN HOWELL
WILLIAM HOWELL
C J ERWIN
THOMAS HENRY JONES
DANIEL JAMES LEWIS

DAVID JOHN WILLIAMS
ARTHUR THOMAS
WALTER DAVID WATKINS
RICHARD SHAKESPEARE
THOMAS PATRICK SMYTH
GEORGE HENRY TARR
WILLIAM TAYLOR
WILLIAM EDWARD TRINDER
ALBERT WILLSHIRE
ALFRED TITT
JOHN WILLIAMS
RALPH WILLIAMS
WILLIAM SARGENT
DAVID THOMAS
WILLIAM HENRY SALTER
WILLIAM HENRY TREBLE
THOMAS WEBB
RICHARD THOMAS
FREDERICK GEORGE WHTING
HEDLEY WILLIAMS
WILLIAM JOHN MOORE
CHARLES MORGAN
GEORGE ROBERT MUSGRAVE
JOHN HENRY PUGH
WILLIAM REES
ARTHUR WILLIAM WOODS
JAMES MOORE
MYALL ST AUBYN
WILLIAM ARTHUR PHILLIPS
HENRY JOHN MORGAN
THOMAS CHAPMAN
DAVID FRANK RICHARDS
JOHN MURRAY
W THOMAS
ALBERT ANGEL

IITH BATTALION, SOUTH WALES BORDERERS

E W PRICE

R CHALLIS

S DART

ALBERT EDWARD FLOWERS

W HOLDER

J J LLEWELLYN

D J ROBINS

SAMUEL DAVIES

W A DAVIES

J DOWNEY

A GORE

W HARRIES

CHARLES ABEL FURNESS

JAMES DAVIES

ERNEST BENNETT

THOMAS DUDLEY

WILLIAM STANLEY JAMES CROSS

JOHN BURNS

ARTHUR EWINS

THOMAS PRYCE HAMER

JOSEPH JONES

THOMAS LLEWELLYN

DAVID LLOYD

HENRY GEORGE LUKE

JOHN TIERNEY

AMOS WHITE

ELISHA WALKER

JOHN CHARLES MORGAN

WILLIAM JOSEPH REA

HENRY JOHN HATHERALL

OWEN SHEERS

Mametz

cyfieithiad Cymraeg gan

CERI WYN JONES

Cyflwyniad

Ar hap y dechreuodd y ddrama hon.

Wrth dwrio yn nhwba bargeinion siop lyfrau ail-law yn y Gelli Gandryll, dyma fi'n codi llyfr o'r enw *Up to Mametz*. Wyddwn i ddim byd am Llewelyn Wyn Griffith, yr awdur, a doeddwn i erioed wedi clywed am Mametz; ond wedi'i argraffu o dan ddelwedd o ddraig waetgoch roedd yr ymadrodd diddorol *Great War Classics*. Roedd y llyfr allan o brint ac yn costio £3.50 yn unig, felly fe'i prynais heb ddychmygu y byddai'r stori ynddo, ugain mlynedd yn ddiweddarach, yn ymgysylltu â channoedd o bobl i greu ac i lwyfannu cynhyrchiad theatrig enfawr mewn hen goedwig yng Nghymru.

Cydiodd *Up to Mametz* ynof; llyncais yr hunangofiant tawel, creulon ac adleisiol am gyfnod Llewelyn Wyn Griffith yn swyddog staff yn y 38ain Adran (Gymreig) yn ystod y Rhyfel Byd Cyntaf. Mae ei ddisgrifiad o deithio drwy Ffrainc ac o weld 'awyren' wedi'i hamgylchynu'n sydyn gan gymylau bach gwyn yn eiliad yn y llyfr sy'n dal i atseinio o'r darlleniad cyntaf hwnnw. Ysgrifenna Griffith:

> Dyma'r tro cyntaf inni weld rhyfel a bwriad un dyn i ladd y llall. Roedd hi'n anodd trosi'r ffordd hon yr oedd cefndir glas yn cael ei addurno â pheli mwg gwyn yn nhermau lladd.[1]

Aeth Griffith yn ei flaen i fod yn dyst i un o frwydrau mwyaf gwaedlyd ymosodiad y Somme yng nghoedwig Mametz lle lladdwyd neu anafwyd 4,000 dyn o'r 38ain Adran (Gymreig) yn haf 1916.

Roeddwn yn gynhyrchydd cyfresi gyda BBC Cymru yng Nghaerdydd, yn gofalu am raglen wythnosol ar y celfyddydau wedi'i chydgyflwyno gan Owen Sheers, bardd o Gymru. Gwyddai Owen am stori Coed Mametz drwy farddoniaeth a rhyddiaith Robert Graves, Siegfried Sassoon a David Jones, yr oedd pob un ohonyn nhw wedi bod yn dyst i'r frwydr. Felly, er mwyn nodi 85 mlwyddiant y Rhyfel Byd Cyntaf, gofynnais i Owen deithio i Ffrainc gyda chriw ffilmio'r BBC i wneud ffilm fer am frwydr y bardd (*The Poet's Battle*). Dychwelodd gyda ffilm atgofus a hefyd drafft cyntaf ei gerdd, *Mametz Wood*.

Pan oedd y rhyfel ar ben, y Cadfridogion buddugol oedd y cyntaf i gyhoeddi adroddiadau manwl am eu cyfraniadau personol i'r fuddugoliaeth. Er i rai milwyr a ddychwelodd fynd ati i nodi eu profiadau hwythau o'r ffrynt ar ddu a gwyn, y cyfan a wnaeth y rhan fwyaf ohonynt, fel Wyn Griffith, oedd lapio eu nodiadau llawysgrifen mewn papur llwyd a'u rhoi i gadw mewn drôr.

Roedd dyhead cymdeithasol i'r boblogaeth symud ymlaen, ac roedd 'anghofio' fel petai'n cynnig ffordd gadarnhaol ymlaen iddyn nhw. Yn ei gerdd 'Mametz Wood' (2005), mae Owen Sheers yn disgrifio tir maes y gad: 'yn ymestyn yn ôl iddo'i hun am bethau i'w atgoffa am yr hyn a ddigwyddodd fel clwyf yn gwthio peth dieithr i wyneb y croen' [*reaching back into itself for reminders of what happened like a wound working a foreign body to the surface of the skin*].[2]

Methu a wnaeth yr ymdrech ym Mhrydain i anghofio ac i symud ymlaen, a chyn pen degawd roedd angen torfol ar y rhai a'i hymladdodd am estyn yn ôl i glwyf y rhyfel, am gael pethau i'w hatgoffa am yr hyn a ddigwyddodd. Cafodd llawer o'r llyfrau a ystyrir bellach yn glasuron llenyddiaeth y Rhyfel Mawr eu rhyddhau mewn bwrlwm o weithgarwch cyhoeddi ddeng mlynedd wedi'r

cadoediad – *Undertones of War*, Edmund Blunden
(1928), *Goodbye to All That,* Robert Graves (1929) a
Memoirs of an Infantry Officer, Siegfried Sassoon (1930).

Llyncodd cyhoedd Prydain y storïau grymus hyn, tra
gorweddai trawsgrifiad *Up to Mametz* (wedi'i lapio o hyd
mewn papur llwyd) heb ei weld mewn drôr. Yn y pen
draw, cyhoeddwyd y llyfr ym 1931 ar ôl i un o ffrindiau'r
awdur fynnu darllen y llawysgrif. Er iddo gael derbyniad
da gan feirniaid, roedd y farchnad am gofiannau'r rhyfel
yn orlawn a methodd gyrraedd y gynulleidfa yr oedd yn
ei haeddu.

Nid damwain yw'r ffaith i farddoniaeth ffynnu yn ystod
yr ymladd ac y gadawyd rhyddiaith i wneud synnwyr o'r
canlyniadau.

'Mae barddoniaeth yn siarad â'r clwyf uniongyrchol'
medd yr ysgrifennwr John Berger.

> Mae pob stori'n sôn am frwydrau o ryw fath neu'i gilydd,
> brwydrau sy'n dod i ben gyda buddugoliaeth a gorchfygiad
> . . . mae cerddi, beth bynnag yw eu canlyniad, yn croesi
> meysydd y gad gan weini ar y rhai sydd wedi'u hanafu, gan
> wrando ar fonologau gwyllt y buddugol neu'r ofnus. Maen
> nhw'n dod â rhyw fath o heddwch. Nid drwy anesthesia neu
> gysur hawdd, ond drwy gydnabyddiaeth ac addewid na
> chaiff yr hyn a brofwyd ddiflannu fel pe na buasai erioed.
> Eto nid addewid am gofadail ydyw (pwy, pan fo'n dal i fod
> ar faes y gad, sydd eisiau cofadeiliau?) Yr addewid yw bod
> iaith wedi cydnabod y profiad a fynnodd, a waeddodd yn
> uchel, ac wedi rhoi lloches iddo.[3]

Gwyddai Owen a minnau fod rhagor i'w ddweud am yr
ysgrifenwyr a fu'n dyst i'r lladdfa ddynol ym Mametz.
Roedd gan Owen ddiddordeb arbennig yn *In Parenthesis*,
atgof cryno a thelynegol David Jones o'r frwydr, ac roedd
ei synergedd a'r tensiynau posibl rhyngddo a hunangofiant
rhyddiaith mwy uniongyrchol Wyn Griffith yn ei ddenu.

Erbyn 2006 roeddwn wedi gadael y BBC ac roeddwn yn gweithio mewn prifysgol yn ne Cymru. Byddai llyfrgell y brifysgol yn adolygu ei stoc o lyfrau'n rheolaidd, gan gael gwared ar y rhai nad oedd yn cael eu darllen. Cadwodd llyfrgellydd gopi o *In Parenthesis* i mi, gan ddweud mai teirgwaith yn unig yr oedd wedi cael ei fenthyg, ym 1964, 1972 a 1996. Roedd y llyfr anhygoel hwn yn mynd i gael ei daflu ar achlysur 90 mlwyddiant y frwydr, heb gael ei ddarllen mewn prifysgol yng Nghymru ers deng mlynedd.

Yn ystod haf 2013, penderfynodd Owen a minnau mai canmlwyddiant y Rhyfel Byd Cyntaf, a oedd ar y gorwel, fyddai'r eiliad berffaith i edrych eto ar y stori. Bu i'r sgwrs a fu rhyngom dros ddegawd am y frwydr, y llyfrau a'n hawydd i wneud rhywbeth ar raddfa fawr, arwain at un canlyniad. Byddai cynhyrchiad theatrig mewn un lle penodol yn dod yn gyfrwng i'n stori, a'r ddau waith a esgeuluswyd fyddai'r testunau crai a fyddai'n sail i'r stori honno. O'r dechrau'n deg roedd gan Owen un ddelwedd allweddol yn ei ben a fyddai'n pennu ac yn diffinio esblygiad y cynhyrchiad, sef y byddai'r gynulleidfa a'r cast mewn system ffosydd, ac y byddent yn mynd 'dros y top' gyda'i gilydd, i mewn i goedwig.

Ar ôl sgwrs gynhyrchiol â National Theatre Wales, teithiodd Owen a minnau i Ffrainc i ddechrau ymchwilio. Bûm yn ffilmio ac yn golygu dwy ffilm fer yn ystod y daith gyntaf honno, yn croniclo Owen yn cyrraedd y goedwig ac yn cofnodi ymweliad â chofeb Lutyens yn Thiepval, cofadail i'r rhai a aeth ar goll yn ystod ymosodiad y Somme.[4] Cafodd y ffilmiau eu golygu yn fy ystafell mewn gwesty yn Ffrainc, gyda'r traciau sain yn adlewyrchu'r seiniau a gasglon ni o bob lleoliad yn unig: glaw yn Thiepval a chân yr adar ym Mametz.

Roedd y llyfr nodiadau coch a ddefnyddiodd Owen yn y ffilmiau yn un newydd sbon. Un o'r pethau cyntaf i fynd i mewn i'r llyfr oedd deilen a godwyd o lawr y goedwig, ond cyn pen misoedd roedd ei dudalennau wedi'u llenwi â syniadau ymchwil ac awgrymiadau ar gyfer y cynhyrchiad. Yna dechreuodd y gwaith ysgrifennu o ddifri.

Daeth y syniadau ar gyfer y ddrama o sawl cyfeiriad: arteffactau amgueddfa, dyddiaduron catrodau, ymweliadau â meysydd y gad, paentiadau, ffotograffau gwreiddiol, hunangofiannau ysgrifenedig a haneswyr arbenigol fel Colin Hughes, a roddodd gymorth ac anogaeth amhrisiadwy inni drwyddi draw. Erthygl yng nghylchgrawn *The New Scientist* yr oeddwn wedi mynd â hi i Ffrainc a ysgogodd yr elfennau gwyddonol yn y ddrama. Roedd hi'n sôn bod Albert Einstein wedi cyhoeddi ei 'ddamcaniaeth perthnasedd gyffredinol' ym 1916. Bu'r syniad fod un o feddyliau mawr ein cyfnod ni'n ymchwilio i gysyniadau disgyrchiant ac amser ar raddfa gosmig yn yr Almaen, tra oedd yr un grymoedd anweledig yn cael eu hecsbloetio'n feunyddiol i ddifetha a dinistrio ar raddfa ddynol yn Ffrainc, yn ysgogiad i wneud rhagor o ymchwil a fyddai'n dylanwadu ar ffurf a bwriadau'r ddrama.

Roedd Owen yn ysgrifennu ar amserlen dynn. Roedd y ddrama i fod i agor ym mis Mehefin 2014, ac roedd y ddrama'n dal i gael ei hysgrifennu adeg y Nadolig. Drwy gydol misoedd cyntaf 2014, bu Owen yn ymrafael â'r ddrama gan ei throi o ddrafft llac cychwynnol yn destun tyn terfynol. Fi oedd yr ymchwilydd, yn ymateb i angen Owen am fanylion am unrhyw beth, o rowndiau gynnau mawr a manylion am leoedd ac amserau i enwau'r meirw ar ddiwrnod penodol. Roedd hi'n fraint imi fod yn dyst i daith ddwys ond deheuig y ddrama a'r modd y cafodd y testunau gwreiddiol eu cyfosod yng nghreadigaeth ysgrifenedig a chymeriadau Owen.

Byddai lleoliad y cynhyrchiad mawr hwn mewn un lle penodol yn elfen hanfodol i'w lwyddiant. Roeddwn wedi bod i ŵyl gerdd mewn fferm ger fy nghartref yn Sir

Fynwy ac wedi fy argyhoeddi ei fod yn lle delfrydol i lwyfannu'r ddrama. Roedd yno gae gwair agored wedi'i amgylchynu gan wal o gonifferau, gan greu amffitheatr naturiol a oleddai'n raddol i fyny coedwig hynafol o dderi, ynn a ffawydd. Roedd y goedwig ei hun wedi tyfu drwy gyfres o gylchoedd consentrig a oedd wedi'u palu i mewn i'r tir; olion hen fryngaer Geltaidd. Yr argraff wrth fynd i mewn i'r goedwig oedd cyfres o ffosydd dwfn a arweiniai at lannerch agored yn y canol. Roedd y lle yn gyforiog o'r math o bresenoldeb hynafol yr oedd Owen a minnau wedi ymdeimlo ag ef ar faes y gad yn Ffrainc. Roedd perchennog y tir yn frwdfrydig, ac felly cadarnhawyd ein lleoliad.

Dechreuodd National Theatre Wales ddenu talent i'r cynhyrchiad, y cyfarwyddwr Matthew Dunster yn benodiad allweddol a thîm dynamig o wneuthurwyr theatr, dylunwyr, actorion, adeiladwyr a thechnegwyr. Agorodd *Mametz* ar 24 Mehefin 2014 a chael canmoliaeth y beirniaid; fe'i disgrifiwyd gan Dominic Cavendish o'r *Daily Telegraph* yn waith sy'n 'gwanu'r galon . . . y coffâd gorau o ganmlwyddiant y Rhyfel Byd Cyntaf imi ei weld hyd yma.'

Mae'r ffotograff ar glawr blaen y llyfr hwn yn dangos darn pren a godais ar ein taith ymchwil gyntaf i *le bois de Mametz*. Yr oedd hwn wedi egino, tyfu a syrthio yn yr un pridd lle buasai miloedd o filwyr farw ganrif ynghynt. Roedd rhywfaint o Gymru a'r Almaen yn ei strwythur a'i ffurf. Pan ofynnwyd imi ysgrifennu'r cyflwyniad hwn, euthum ar-lein a gwylio eto'r ffilm yr oeddwn wedi'i gwneud y diwrnod y codais y darn pren. Wrth sgrolio i lawr y dudalen we, gwelais y sylw canlynol gan aelod o'r cyhoedd a oedd wedi ymweld â Mametz yn ddiweddar. Gadawaf y gair olaf i Colin Dyas, person nad wyf wedi cwrdd ag ef erioed ond y cafodd ei hen ewythr ei ladd ym Mametz:

Tra oeddwn i yn y goedwig, rhoddais fy nwylo'n ddwfn i'r tir. Mae mor fras. Wedi pesgi ar y meirw, rwy'n amau, gyda fy hen ewythr yn un ohonyn nhw. Nid braster deilbridd mohono. Mae'n rhywbeth arall. Rwy'n amau mai'r cof a adawodd Brenhines y Goedwig wrth addurno ei meirw ydyw. Heddiw, mae fel petai brenin yr adar yn parhau â gwaith y frenhines. Mae ei gorws wedi disodli ei haddurniadau gan ei bod hi wir yn ymddangos fel petai'r adar yn canu i'r meirw. (Colin Dyas 2016)

Christopher Morris,
Athro arferion rhaglenni a ffilmiau dogfen
Ysgol Ffilm a Theledu, Prifysgol Falmouth,
Hydref 2016

1. Llewelyn Wyn Griffith, *Up to Mametz* (Faber, 1931).

2. Owen Sheers, *Mametz Wood* (Seren, 2005).

3. John Berger, *And Our Faces, My Heart, Brief as Photos* (Bloomsbury, 1984).

4. *Wood* <https://vimeo.com/70411744>; *Stone* <https://vimeo.com/70410656)>.

Cymeriadau

Preifat Aneurin Lewis
mab fferm o ganolbarth Cymru, deunaw

Siriol
gweithwraig ffatri arfau o Landudno,
deunaw

Preifat David Jones
myfyriwr o artist, Llundeiniwr o dras Gymreig,
ugain

Willem de Sitter
ffisegydd o'r Iseldiroedd, deugeiniau

Ysgrifenyddesau Whitehall 1, 2, 3
amrywiol oedrannau

Cyrnol Bell
Cyrnol, 15fed Bataliwn,
Y Ffiwsilwyr Brenhinol Cymreig, pumdegau

Sarjant Snell
Sarjant, 15fed Bataliwn,
Y Ffiwsilwyr Brenhinol Cymreig, tridegau/deugeiniau

Ensemble
milwyr, chwaraewyr rygbi, mamau,
Watcyn, John, Lucy

Act Un

PROLOG

Cae ger coedwig yng Nghymru. Cesglir y gynulleidfa ynghyd a'u tywys gan aelodau staff 'Teithiau Profiad Maes y Gad'.

GOLYGFA UN

Mae'r Athro Phillips yn camu i lwyfan bychan. Mae'n egnïol ac yn angerddol. Dyn difrifol, ond yn meddu ar lygedyn o hiwmor.

Phillips Helô a chroeso i un arall o Deithiau Profiad Maes y Gad.

Croeso hefyd i'r gornel hyfryd hon o Sir Fynwy wrth i ni, am ychydig oriau, ei throi hi'n un o feysydd cad y Somme, ac yn benodol y maes hwnnw a hawliodd filoedd o fechgyn yr ardal wledig hon.

Yr Athro Phillips ydw i, a gyda help llaw fy nghynorthwywyr, rwy am eich tywys i galon brwydr, brwydr â'i hatsain mor groch yng Nghymru ag ydyw'r cof am y Somme drwy Brydain benbaladr. Brwydr Coed Mametz.

Reit, 'Hyd lannau ffrwythlon Ffrainc', chwedl y bardd. Dewch gyda ni ar draws y Sianel!

Gan godi ei ymbarél, mae Phillips yn arwain y gynulleidfa i geg ffos agored amrwd.

Mae'r ffos wedi ei chreu gan ddefnyddio deunyddiau fferm y buasent hefyd i'w canfod ar faes y gad – haearn rhychiog, weiren, prennau cynnal bras a physt. Mae muriau'r ffos yn mynd yn uwch wrth iddi fynd rhagddi.

Yn y cae agored, o flaen ceg y ffos, mae negesydd
ifanc, sef Watcyn, yn rhedeg â'i fag satchel drwy'r
borfa. Saif Milwr ifanc arall yn stond, gan ddisgwyl
amdano.

    Clywir dwndwr y gynnau mawrion yn y pellter.

    Wrth i'r gynulleidfa gerdded y ffos, maent yn taro ar
Filwyr ifainc eraill. Mae un yn canu harmonica, un
arall yn gweithio te, un arall yn rholio sigarét.

    Nes draw mae un arall yn darllen cylchgrawn
wythnosol i lanciau, wrth i un arall, sy'n gwisgo lifrai
cyfoes y Fyddin Brydeinig, wrando ar gerddoriaeth
hip-hop drwy seinydd sydd wedi ei gysylltu ag iPhone.

    Mae un arall yn cael sgwrs Skype â'i gariad ar iPad:
mae awgrym ar gyfer y sgwrs ar dudalen 181.

    Mae'r ffos yn culhau i un rhestr.

    Yn cerdded yn erbyn llif y gynulleidfa y mae Caplan
y Fyddin, ac mae e'n siarad Cymraeg y Gogledd ag ef
ei hun.

    Uwchben y ffos saif Willem de Sitter, dyn yn ei
ddeugeiniau hwyr, yn gwisgo siwt troad y ganrif gyda
sbectol a thei-bo. Mae'n dal oriawr boced yn ei law ac
yn sefyll nesaf at delesgop sydd ar drybedd.

    Mae'n siarad ag acen yr Iseldiroedd.

De Sitter Dim brys. Digon o amser. Digon o amser.

GOLYGFA DAU

Ym mhen draw'r ffos, tywysir y gynulleidfa i mewn i
ysgubor lle saif estaminet, math o gaffi Ffrengig dros dro,
yn agos i flaen y gad.

    Gorchuddir y byrddau plyg gan lieiniau sgwarog.
Eistedda chwaraewr acordion yn y gornel. Ar y wal, y
mae bwydlen Ffrangeg ei hiaith. Mae Menywod Ffrengig
yn gweini gwin a bwyd i Filwyr Prydeinig.

    Pan ddaw'r Athro Phillips ymlaen, mae'r estaminet a'i
thrigolion yn ymgilio o'i gwmpas.

Phillips Bienvenue à France! A chroeso hefyd i 1916.
Ond i ble yn union? Wel, y tu hwnt i'r muriau, mae cefn
gwlad Picardi yn hen gyfarwydd â gwaed rhyfelwyr
Cymru. Ymgiprys am y tir hwn oedd achos Agincourt a
Brwydr Crecy. A syrthiodd lleng o filwyr Cymreig yn y
ddwy frwydr hynny. A heddiw, ym 1916, dros yr un darn
o dir, fe syrthiant eto. Ond pam roedd cynifer o filwyr
Cymreig ym Mametz?

*Neidia Phillips i ben llwyfan bychan er mwyn britho'i
sgwrs â ffotograffau, mapiau a phortreadau
esboniadol.*

Ym 1914, pan ddechreuodd yr Arglwydd Kitchener ar y
gwaith o godi byddin wirfoddol, gwelodd Lloyd George,
y Canghellor ar y pryd, gyfle i Gymru feddu ar fyddin.
   Ond daeth yr apêl am fyddin Gymreig yn rhy hwyr.
Roedd y Cymry eisoes wedi rhuthro i ymuno â chatrodau
eraill. O ganlyniad, doedd y ffrwd o wirfoddolwyr a
ddisgwylid ar gyfer adran arfog Gymreig yn fawr fwy na
diferion. Ymhen amser, serch hynny, a gyda chymorth
recriwtiaid o Lundain, ynghyd â'r penderfyniad i ostwng
y taldra disgwyliedig, fe ddaethpwyd â 50,000 o filwyr
Cymreig newydd ynghyd i ffurfio Adran 38 o'r Fyddin
Brydeinig.
   Ond prin oedd adnoddau'r milwyr hyn, a phrin oedd
yr amser. Am fisoedd, buont yn ymarfer gyda choesau
brwshis yn hytrach na reiffls. Erbyn cyrraedd Ffrainc,
doedd yr un ohonyn nhw wedi saethu mwy na phedwar
rownd ar hugain ar y maes tanio. Erbyn cyrraedd *fan hyn*
yng Ngorffennaf 1916, serch hynny, maen nhw wedi
treulio sawl mis ar y ffrynt. Ond dy'n nhw erioed wedi
cymryd rhan mewn cyrch mor fawr. Yn wir, wrth iddyn
nhw fartsio i mewn, dyw'r milwyr profiadol ddim yn eu
hystyried nhw'n fawr gwell na 'sifiliaid mewn lifrai'.
   Nid felly'r sawl sy'n eu disgwyl yng Nghoed Mametz,
sef catrawd Lehr o'r Gwarchodlu Prwsiaidd, Adran 3.

Dyma oreuon y goreuon: o'r corff o ymladdwyr hyn, bob un dros ei bum troedfedd saith modfedd, y dewisir y Gard Ymerodrol. Ac oddi wrth y rhain y bydd rhaid i Adran 38, sef yr adran Gymreig, gipio Coed Mametz.

Am rai dyddiau, hwn fydd yr *unig* ymosodiad Prydeinig o bwys. O'r cyntaf o Orffennaf hyd at y pumed, bu'r Prydeinwyr yn ymosod ar hyd yr holl lein ym Mhicardi. Ond wedyn, bu rhaid oedi, oherwydd nad oedd modd ennill mwy o dir heb gipio'r goedwig yn gynta. Am y dyddiau nesa, Mametz fydd y sioe fawr. Ac mi fydd hi'n frwydr unigryw o lenyddol hefyd, a dau o feirdd mawr y Rhyfel Mawr bob pen iddi. Mae Siegfried Sassoon ar flaen y gad, gyferbyn â'r goedwig, yn union cyn y frwydr, a chaiff Robert Graves ei anafu yn ei sgil. Mae yma hefyd bâr o awduron llai amlwg ar fin cymryd rhan yn y cyrch ei hun. Is-gapten Llewelyn Wyn Griffith a Phreifat David Jones, y ddau o bymthegfed bataliwn y Ffiwsilwyr Brenhinol Cymreig, adran gyntaf Cymry Llundain.

Yn eu tro, bydd y llenorion hyn yn gosod eu profiadau nhw o'r frwydr ar gof a chadw. Hwn fydd eu gorffennol nhw. Ond yr eiliad hon, i aelodau'r adran Gymreig sy'n martsio i'w llinell, brwydr Coed Mametz yw'r dyfodol sydd ar ddigwydd.

Gobeithio bod hyn oll yn cynnig rhyw gyd-destun i chi. Ond nid Teithiau *Cyd-destun* Maes y Gad yw'n henw ni, yfe? Na, na, na. Teithiau *Profiad* Maes y Gad. Felly, ymlaen â ni at y profiad.

GOLYGFA TRI

Mae'r Athro Phillips yn arwain y gynulleidfa i ysgubor gyfagos gyda'r seddi'n wynebu wal gefn ffos arall. Uwchlaw'r wal hon gall llenni duon (pell ac agos) agor i ddatgelu agoriad ar hyd y ffos i gyd. I'r dde o'r seddi mae talcen tŷ gyda thair ffenestr, lle gwelir y vignettes canlynol yn cylchdroi:

Mae merch ifanc, Siriol, yn ei gosod ei hun ar gyfer
ffotograff â fflach.
  Mae dyn yn ei bumdegau yn sefyll o flaen microffon
BBC. Mae llais y cynhyrchydd yn dweud wrtho:

Llais Cynhyrchydd y BBC Yn eich pwysau, Mr Jones.

Mae De Sitter yn syllu drwy ei delesgop.
  Mae menyw ifanc, Helen, yn cwtsio plentyn wrth
agor amlen â stêm.
  Mae menyw hŷn, Edith, yn golchi dillad yn erbyn
styllen olchi.
  Mewn ystafell agored i'r dde o'r ffenestri hyn, mae
Swyddog Prydeinig, Llewelyn Wyn Griffith (Ifanc), yn
llenwi bath â dŵr i'w frawd iau, Watcyn, milwr
cyffredin.
  Dros y portreadau hyn, clywir lleisiau meibion yn
canu 'Calon Lân'. Wrth i'r gynulleidfa setlo, daw'r
Wyn Griffith (Ifanc) â disgled o goffi i'w frawd, wrth
i'r menywod ymuno yn yr emyn, gan roi eu geiriau
nhw eu hunain i'r dôn yn lle'r geiriau cydnabyddedig.

Menywod Rhag eu colli, dychwelwch hwy, rhag eu colli,
dychwelwch hwy.

Mae drws yr ysgubor yn cau.
  Ffrwydrad.
  Blac-owt.

GOLYGFA PEDWAR

Mae llenni duon cefn y llwyfan yn agor i ddatgelu
agoriad sy'n rhedeg o un pen y llwyfan i'r llall. Drwy'r
agoriad hwn gwelir cae a choedwig.
  Dynesa menyw ifanc, Antoinette, drwy'r cae. Mae'n
cario basged o ganghennau bychain a gasglwyd ganddi.
Gan gamu drwy'r agoriad, mae'n sefyll ar ragfur y ffos.
  Cân adar.

Antoinette Y coed oedd bywoliaeth fy nhad. A'i dad o'i flaen e. *Le garde forestier*. 'Gamekeeper' yw'r gair Saesneg amdano, rwy'n credu.

Mae'n chwerthin.

Ond dim ond y fi oedd yn chwarae gemau yno. Roedd hi'n fendith i mi, y goedwig honno. Doedd fy mam ddim . . . yn dda. A 'Nhad, wel, roedd plesio'r Iarll yn bwysicach i hwnnw na phlesio'i ferch. Felly, i'r goedwig yr awn i. Am oriau. Fe wnes i hyd yn oed gysgu yno unwaith. Wedi fy lapio'n glyd yng nghot fy mam-gu. Gorweddais i yno, o dan wreiddiau hen dderwen, yn gwrando arnyn nhw'n galw fy enw hyd hanner nos. 'Antoinette! Antoinette!' Ond doeddwn i ddim am fynd adre. Roeddwn i yno'n barod.

Yn yr haf oedd hynny. A wyddoch chi beth ddysgais i? Yr adar, maen nhw'n canu *cyn* iddyn nhw weld yr haul. Maen nhw'n gwybod bod y golau'n dod. Felly maen nhw'n canu. Fe wnaethon nhw fy neffro, a doeddwn i ddim yn deall. Oherwydd roedd hi'n dywyll. Wedyn, torrodd y wawr. Fel tasen nhw wedi codi'r haul â'u canu. Anghofia'i fyth mo hynny. Byth.

Awn yno ymhob tymor. Nid dim ond yn yr haf. Yn y gaeaf, unwaith, des i wyneb yn wyneb â charw ifanc. Roedd eira ar lawr. Roedd ôl fy nhroed yn croesi'r cae o'r pentre i'r goedwig.

Mae'r negesydd ifanc, Watcyn, yn rhedeg i'r golwg yn y cae y tu hwnt. Mae'n stopio a syllu ar Antoinette, a hithau'n syllu'n ôl.

Fe syllon ni ar ein gilydd. Fi a'r carw hwnnw. Roedd e mor llonydd, felly llonydd oeddwn innau.

Mae Watcyn yn rhedeg o'r golwg.

Ond fe redodd i ffwrdd. Neidio dros y canghennau trig. Wedi iddo fynd, teimlais yn unig. Roeddwn yn unig cyn i

mi ei weld. Roeddwn yn unig yn aml. Ond erioed mor
unig â'r eiliad honno, wedi i'r carw fynd.

*Mae milwyr Bataliwn 15 y Ffiwsilwyr Cymreig
Brenhinol yn dechrau ymgynnull yn y ffos. Glasfilwyr
ydynt, yn cario eu bywydau gyda nhw. Rhofiau ffos,
tuniau berwi dŵr, reiffls, paciau a'u fflasgiau.*

  *Mae Antoinette yn gwylio'r milwyr yn cyrraedd.
Mae cân yr adar yn pylu.*

Yr adeg pan oeddwn i'n blentyn oedd hynny. Yr adeg pan
na wyddai neb, heblaw'r bobl leol, am y coed, a'u
henw'n enw coedwig yn unig, nid enw brwydr.

Mae'n gwylio wrth i ragor o filwyr gyrraedd.

Daethant i gipio'r goedwig, a dyna a wnaethant. Hyd yn
oed wedi iddyn nhw adael, roedden nhw'n dal i
feddiannu'r lle. Gyda'u cyrff, eu hangau.

Mae'n siglo'i phen, ac yn gollwng chwerthiniad chwerw.

'Mametz' maen nhw'n ei galw hi. 'Coed Mametz'. A
dyna mae eu hwyrion a'u gorwyrion nhw yn galw'r lle o
hyd. Pan ddôn nhw yma i chwilio amdanyn nhw.
Weithiau'n dod fel teulu. Ond yn amlach na pheidio, dim
ond y dynion sy'n dod. Yn gweithio te yn bŵt y car.

*Daw cerbyd gwersylla i'r golwg yn y cae tu draw, gan
barcio o flaen y goedwig.*

Yn sipian o Thermos, a syllu ar y goedwig. Beth maen
nhw'n disgwyl iddi ddweud? Efallai taw'r cwbl maen
nhw ei angen yw gweld y coed a dyfodd o'u cyndeidiau.
Neu efallai gael cip ar y peth olaf un a welodd y rheini.
Beth bynnag fo'r rheswm, maen nhw'n dal i ddod yma.
Drwy'r amser. I edrych.

*Mae'n casglu cangen neu ddwy arall o'r llawr. Wrth
iddi sefyll, mae'n edrych ar y Milwyr unwaith eto.*

Maen nhw'n meddwl taw nhw sydd piau'r lle. Dim ond oherwydd iddyn nhw farw fan hyn. Ond nid y nhw sy'n berchen arno fe. Ac nid 'Coed Mametz' yw e chwaith. *Bois de Mametz* yw'r lle hwn. Ac mae'n eiddo i mi. Yn eiddo i mi erioed.

GOLYGFA PUMP

Yn gynnar yn y bore. Wyn Griffith (Ifanc), yn ei ugeiniau canol, a Taylor, yn ei bedwardegau cynnar, ill dau'n swyddogion, yn bwrw golwg ar y goedwig drwy berisgop. Mae Taylor yn sipian te o fwg. Mae Wyn Griffith yn cymharu ei olygfa ef â map.

Taylor Beth amdani?

Wyn Griffith Coedwig yw hi. Wela'i ddim fod peryg y gwnawn ni niwed mawr iddi.

Taylor Un tîm Maxim ar yr ymyl ddeheuol. Dyna'r cwbl sydd ei angen arnyn nhw.

Mae Wyn Griffith yn gadael i Taylor gymryd cip.

Wyn Griffith Dwi ddim yn dallt. Pam ein cadw ni yn y lobi?

Taylor Yn Contalmaison, ti'n feddwl?

Wyn Griffith Does bosib nad ymosod ar y cyd fuasai orau, nid aros i'r sioe ddod i ben draw fan'cw yn gynta?

Taylor Bosib eu bod yn ofni gwasgaru ein hergydion.

Wyn Griffith Ond buasai'n gwasgaru eu hergydion nhw hefyd. Dyna'r bwriad.

Mae Taylor yn camu'n ôl o'r perisgop ac yn gwenu ar y dyn sy'n iau nag ef.

Taylor Rwyt ti'n rhy resymol o lawer. Dwi'm yn dweud

dy fod yn anghywir. Roedd hyd yn oed y General yn diawlio'i orchmynion y bore 'ma.

Wyn Griffith Wrth gwrs ei fod o. Gallai fod deg neu ddeng mil ohonyn nhw yno. Does dim modd gwybod. Ac am y cefn hwnnw –

Mae'n cydio yn y perisgop eto.

Rhwng yr Hammerhead a Choedlan Flat Iron. Llethr foel ydy hi. Dim cysgod o gwbl. Dwi'n dallt eu bod nhw angen smokescreen, ond os oes gynnon nhw machine guns yn y mangoed . . .

Mae Taylor yn dechrau llenwi ei bib, wrth i Wyn Griffith barhau i fwrw golwg dros y tir.

Taylor Pwy sydd ar y dde?

Wyn Griffith 16th Welsh, 11th South Wales Borderers.

Yn y pellter, drwy'r agoriad, mae'r Caplan yn cychwyn yn ei flaen drwy'r cae.

Taylor Welais i'r Caplan yn gynharach. Yn union cyn toriad gwawr.

Wyn Griffith Morgan?

Taylor Ie.

Wyn Griffith Pam roedd o allan mor gynnar?

Taylor Roedd gwaith claddu o'i flaen. Mae sawl un o'n bechgyn ni allan yno o hyd. Roedd e newydd ddychwelyd o Fricourt. Heb gysgu winc drwy'r nos.

Wyn Griffith Pam Fricourt?

Taylor Roedd e'n chwilio am fedd.

Mae'n siglo'i ben.

Fe ddylwn i fod wedi gwybod. Roedd e'n siarad ag ef ei hun. Gweddïo, dwi'n credu. Roedd hi'n anodd dweud. Fe holais i am fedd pwy yr oedd e'n chwilio. 'Bedd fy mab,' oedd yr ateb.

Wyn Griffith Iesu. Ro'n i'n adnabod Morgan. Buom yn hyfforddi gyda'n gilydd.

Mae'r Caplan yn nes yn awr. Mae geiriau'r weddi yn fwy clywadwy erbyn hyn.

Taylor Fe laddwyd e ger Fricourt. Echdoe.

Wyn Griffith Ddaeth o o hyd iddo fo?

Taylor Naddo. Na chwaith ddod o hyd i'r caplan a'i claddodd. Felly, daeth e'n ôl fan hyn. Fe ddwedodd y dylai o leia gladdu meibion pobl eraill, hyd yn oed os na allai ddod o hyd i'w fab ef ei hun.

Wyn Griffith Mae'n siŵr iddo gerdded drwy'r nos.

Mae'n dechrau pacio eitemau o un pac mawr i'w ysgrepan – matshys, pib, bisgedi.

Taylor Beth oedd i'w ddweud? Des i i ben â chwpwl o eiriau. A thynnu fy helmed. Dweud bod yn flin gen i.

Daw Wyn Griffith (Hŷn) i'r llwyfan. Mae yn ei chwedegau hwyr, ac wedi ei wisgo'n anffurfiol ond yn drwsiadus yn nillad y 1950au. Mae'n cario dau fag rhwyllog o fwydydd. Wrth weld Taylor a Wyn Griffith (Ifanc), mae'n cerdded tuag atynt, cyn stopio o fewn troedfeddi i'r fersiwn iau ohono ef ei hun. Mae hwnnw'n tynnu pecyn brown bychan wedi ei glymu â rhuban coch o'i bac.

Wyn Griffith Wyt ti wedi gweld fy mrawd i'n rhywle? Dwi wedi bod yn cario hwn o gwmpas ers dyddiau. Mae'n ben-blwydd arno.

Taylor Fe welais i e neithiwr. Yn yr hen dugout Almaenig. Fe bellach yw negesydd y bataliwn.

Clywir gynnau mawrion yn tanio oddi ar y llwyfan.
Mae'r ddau ddyn yn edrych i gyfeiriad y tanio, felly
hefyd y Caplan sy'n sefyll yn yr agoriad, a'r holl Filwyr
eraill yn y ffos. Mae Wyn Griffith (Hŷn) yn dal i
edrych ar y fersiwn iau ohono ef ei hun, wrth i hwnnw
osod y pecyn brown yn ei ysgrepan.

  Mae Watcyn yn ymddangos yn yr agoriad, yn
gwisgo amdano wedi dod o'r bath. Mae'n gorffen
gwneud hynny drwy roi ei fag satchel amdano.

Wyn Griffith (Hŷn) Roedd Taylor yn adnabod fy mrawd iau, Watcyn, yn dda. Roedden nhw wedi ymrestru ar yr un diwrnod, yn yr un pentre. Ond dyna ddiwedd ar unrhyw debygrwydd rhyngddyn nhw. Roedd Taylor yn Swyddog Signal y Brigâd. Hogyn oedd Watcyn, un o'r milwyr traed. Gwisg ysgol, nid lifrai caci, a weddai orau iddo. Roedd o newydd droi pedair ar bymtheg.

  Mae Taylor yn tynnu'r perisgop i lawr. Mae'r agoriad
yn cau.

Taylor Mae'n well i mi ei bwrw hi am Pommiers. Ry'n ni wedi bod yn gosod llinellau drwy'r nos, a heb orffen o hyd.

Wyn Griffith Ydach chi'n cipio Danzig Alley?

Taylor Ydyn. Fe glywn ni eu hateb nhw'n ddigon buan.

Wyn Griffith Mi ddof i. Bydd f'angen i ar Evans.

  Mae'r ddau ddyn yn cwblhau llenwi eu hysgrepanau.
  Mae Taylor yn gorffen ei de, ac yn estyn bisgedi o'i
ysgrepan. Mae'n cynnig rhai i Wyn Griffith.

Taylor Dere. Pwy a ŵyr ymhle y byddi di'n bennu heddiw? Na chwaith pa bryd.

  Mae Wyn Griffith (Ifanc) yn cymryd y bisgedi. Clywir
ateb y gynnau Almaenig. Teflir pridd i'r ffos gan
ffrwydradau sieliau gerllaw.

Mae'r ddau yn bwrw eu hysgrepan ar eu hysgwydd i fynd. Mae Taylor yn ymadael. A Wyn Griffith (Ifanc) ar fin ymadael, mae'n oedi ac yn edrych arno ef ei hun yn hŷn, fel petai'n ymwybodol bod rhywun yn ei wylio. Am ennyd, mae'r ddau yn syllu ar ei gilydd.

Mae Wyn Griffith (Ifanc) yn ymadael. Mae Wyn Griffith (Hŷn) yn ei wylio'n mynd.

Mae'r Milwyr yn y ffos yn troi at eu dyletswyddau o'i amgylch.

GOLYGFA CHWECH

Wyn Griffith (Hŷn) A minnau'n swyddog, anaml iawn y gwelswn fy mrawd iau. Roedd cefnfor o rengoedd a disgyblaeth yn ein cadw ni ar wahân. Ddaru'n llwybrau groesi unwaith, serch hynny. Mewn rhyw bentre. Laventie oedd ei enw o. Roedd ein cwmni wedi aros yno, er mwyn gorffwys. A dyna lle'r oedd Watcyn, yn lletya mewn sgubor gerllaw. Mewn tŷ oedd fy miled i, felly buaswn i'n ei smyglo fo i mewn bob cyfle er mwyn iddo gael bath a newid ei ddillad isa. Ac i gael pryd o fwyd hefyd, a phaned o goffi. Moethau prin oedd y rheini i filwr cyffredin.

Fel ag y maen nhw i mi rŵan.

Roeddwn i heb ei weld o ers hynny. Felly roedd hi'n rhyddhad clywed Taylor yn deud iddo gael ei ddyrchafu'n negesydd y diwrnod hwnnw. O leia byddai hynny'n ei gadw o rhag y cefn yna . . .

Mae'n bwrw golwg tuag at leoliad yr ymosodiad arfaethedig.

O'i weld gyda Taylor y bore hwnnw, roeddwn innau'n ddiolchgar am fy niogelwch cymharol i. Yn ystod ein cyfnod yn martsio i'r de, fe'm gwnaed i'n swyddog staff, yn gweithio o dan General Evans. Roedd pencadlys y brigâd wedi ei symud i'r front line, ond nid awn ymhellach. Rhywun arall fyddai'n arwain fy nynion i'r coed rŵan.

Mae'n edrych o gwmpas y ffos.

Cyn i mi gamu i'r ffos, credwn fod y byd yn ymrannu'n ddau fath o ddyn. Y sawl a wyddai fywyd y ffos, a'r sawl nas gwyddai. Ond buan y des i wybod mai'r un dynion oedden ni yn y ffos ag yr oedden ni allan o'r ffos. O hyd ac o hyd yn ad-drefnu mwd i'n hamddiffyn ein hunain, ond yr un dynion, ni waeth beth.

Y syndod yw bod cymaint ohono'n pylu. Ac eto yn aros hefyd. Ond mae'r trwch yn troi'n orffennol. Gwyddom iddo ddigwydd, ond rydym yn anghofio'r manylion. Dyna pam y bûm i'n cofnodi fy nghyfnod yn y ffosydd. Er mwyn fy mhlant. Er mwyn iddyn nhw ddeall.

Ond fe welodd cyfaill i mi y llawysgrif, a'i darllen, a chyn pen dim roedd fy mhrofiadau yn eiddo cyhoeddus. *Up to Mametz* gan Llewelyn Wyn Griffith. Darn arall o'r gorffennol wedi ei lusgo 'nôl i'r presennol.

Mae Wyn Griffith (Ifanc) yn ymddangos yn yr agoriad. Mae'n codi braich y gramoffon sydd yn ei ymyl, ac yn gosod y nodwydd ar record.

Dwi'n dal i ysgrifennu. Am Gymru gan fwyaf, a cherddoriaeth. Y cyfansoddwyr mawr o'r Almaen: Beethoven, Wagner, Bach.

Mae ei wraig, Winifred, yn ymddangos yn un o'r ffenestri.

Unwaith yr wythnos mae Win yn fy nanfon i i Waitrose. Weithiau dwi'n dod i ben â Guinness bach slei ar y ffordd 'nôl. Mi fydda' i'n dysgu fy ŵyr i yrru dros y penwythnos. Mae gen i fywyd. Ond ydy'r bywyd cynt hwnnw wedi ymadael â mi?

Mae'r Wyn Griffith (Ifanc), a phentwr o bapur yn ei ddwylo, a'r Cadfridog Evans yn dod i'r llwyfan. Wrth iddynt fynd drwy'r ffos, mae'r Milwyr yn rhoi saliwt.

Na. Roedd y byd yn feddw ar drais. Tuag aton ni a chanddon ni. Ac roedden ni i gyd mor ifanc.

Mae'r Milwyr yn y ffos yn bwrw eu paciau ar eu hysgwyddau, a chasglu eu heiddo, fel petaent yn paratoi i fartsio. Mae Wyn Griffith yn eu gwylio yn ymffurfio.

Roedd y newydd am fy nyrchafiad yn waredigaeth. Ers saith mis, roeddwn wedi bod yn gwylio dynion eraill yn cael eu lladd neu eu hanffurfio, gan ddisgwyl o hyd fy marwolaeth neu fy llurguniad innau. Ni allwn lai na theimlo rhyddhad, felly.

Ac eto, ar yr un pryd, aeth y gwynt o'm hwyliau.

Mae'r dynion yn barod i fartsio.

Roeddwn wedi bod gyda Bataliwn rhif 15 y Ffiwsilwyr Brenhinol Cymreig ers y dechrau. Catrawd o Gymry o Lundain, lle roeddwn i a Win yn byw ar y pryd.

Y 1st London Welsh oedd yr enw a roed i ni, ond roedden ni'n recriwtio o Gymru yn ogystal mewn gwirionedd.

Roedden ni wedi hyfforddi efo'n gilydd, wedi teithio i Ffrainc efo'n gilydd, wedi cyrraedd y ffrynt efo'n gilydd – a hynny yn un o fysys Llundain wedi ei beintio'n llwyd. Dros y saith mis nesa, fe'n cydiwyd ni gan frawdoliaeth brin, un a aned o gysgod angau.

Wrth i'r Milwyr fartsio oddi ar y llwyfan:

Roedd ein niferoedd yn crebachu drwy'r amser. Roedd y goeden eisoes yn diosg ei dail.

Mae'r Cadfridog Evans a Wyn Griffith (Ifanc) yn ailymddangos i lawr y llwyfan. Wrth i'r Cadfridog Evans gamu ymlaen a gadael y llwyfan, mae Wyn Griffith (Ifanc) yn oedi ac yn edrych tuag at aelodau ei hen gwmni.

Ond rŵan, roedd y gwynt mawr a'u dinoethai nhw yn y man ar ein gwarthaf. A doeddwn i ddim efo nhw. Roeddwn i'n cefnu arnyn nhw, ar union eiliad eu prawf mwyaf un.

Daw'r record i ben. Mae'n parhau i droelli, yn clician yn ei rigol olaf.

Cadfridog Evans (*oddi ar y llwyfan*) Griffiths!

Mae'r Wyn Griffith (Ifanc) yn gadael.

GOLYGFA SAITH

Daw Antoinette ymlaen. Mae Milwr ifanc yn ymddangos mewn agoriad o fewn y prif agoriad, gan ei baratoi ei hun ar gyfer y ffotograffydd.

Antoinette Cinq francs.

Mae'r Milwr yn ymbalfalu â'r arian dieithr.

Pump. Pum ffranc. Merci. À droit un peu. I'r dde. Symud i'r dde. Encore. Parfait. Attends . . .

Mae'n rhoi arwydd i ffotograffydd.

Oui!

Mae'r Milwr yn ei osod ei hun yn yr ystum front-line clasurol. Ffrwydrad y bylb fflachio.
Mae'r Milwr yn gadael.

Ymrestrodd fy nhad yn union wedi cyhoeddi'r rhyfel. Fe'i lladdwyd ef mewn cyrch. Gan raw. Roedd yr Almaenwyr wedi darganfod fod y rhain yn well na bidogau. Mae bidog yn mynd yn sownd. Gydag ymyl awchus rhaw, roedd modd hollti'r pen yn ddwy, a symud ymlaen.

Bu fy mam farw cyn y rhyfel, felly pan ddinistriwyd ein bwthyn gan sieliau, symudais i fyw yng nghaffi fy ewythr ym Mametz, Café du Moellon.

Mae'n chwerthin.

'Moellon.' Yn Gymraeg, 'Caffi'r Rwbel', o bosib. A gwir y gair wedi'r bomio mawr. Ond wrth i ddrws un busnes gau, roedd un arall yn agor. Roedd cymaint o filwyr Prydeinig yma, pob un yn chwilio am rywbeth i'w ddanfon adre. 'Mae pres ymhob rhyw eisiau', chwedl fy ewythr. Roedd e'n iawn. Rwy'n siŵr i mi weld dros fil ohonyn nhw yn sefyll o flaen y camera hwn.

Daw Preifat Dai Williams, yn ei ugeiniau cynnar, i'r llwyfan. Mae Antoinette yn cymryd ei arian ac yn rhoi arwydd i'r ffotograffydd. Mae'r milwr yn ymsythu. Ffrwydrad y fflach.

Dai 95784, Preifat Dai Williams, 15th Battalion, Royal Welsh Fusiliers. (*Curiad*) Y rheole taldra o'dd y boi. Wnethon nhw'u gostwng nhw, chwel? Ar ôl hynny, wnath crugyn o'r bois o'r pwll joino lan. Dyna'r cwbwl o'dd ishe arna'i. Wnes i ymrestru drannoth. Ro'dd popeth yn teimlo'n well wedyn. Yn joino ni gyda'n gilydd. Ro'dd digon o goliers 'ma'n barod, wrth gwrs. Ond cloddio o'dd eu gwaith nhw, chwel. Cloddio twneli. A do'n ni ddim am adel pwll yng Nghymru er mwyn mynd dan ddaear yn Ffrainc. Ro'n ni i gyd ishe ymladd. Ar wyneb daear! Pum trodfedd a hanner neu chwe throdfedd a hanner, beth yw'r gwanieth pan gydiwch chi mewn reiffl?

Mae gwraig yn ei phumdegau, Edith, yn dod i'r llwyfan.

Edith Do'n i ddim am iddo fe fynd. Wedi'r cwbwl, ma'n wyrth ei fod e'n fyw fel mae hi. Pam herio dy lwc, felly? Dyna wedes i wrtho fe. Falle dy fod ti wedi osgoi'r bedd unweth, bach, ond wnei di ddim ei osgoi e'r ail waith. Wrandodd e ddim. Sdim un ohonyn nhw'n gwrando.

Dai Siarad am y danchwa ma' hi. Pwll yr Universal. Trychineb Senghennydd i chi. Pedwar cant a phedwar deg o ddynion a bechgyn. 'Nhad. A'm brawd. Ond ddim fi. Yr afterdamp o'dd y drwg. Ro'dd e bownd o'u bennu nhw, wedi'r holl ffrwydrade.

Edith Cymerodd e fis. I rowndo'r angladde i gyd. Mis i roi'n bois ni 'nôl yn y ddaear a'u lladdodd nhw yn y lle cynta.

Dai Pidwch gweud 'na, Mam.

Edith Gweud beth?

Dai Nage'r ddaear o'dd y drwg. Beth ro'n ni'n neud iddi o'dd y drwg. Dyna a'u lladdodd nhw.

Edith A Lewis.

Mae Dai yn troi at y gynulleidfa eto.

Dai William Thomas Lewis. Y perchennog.

Edith Cas e ddirwy o ddeg punt. A hwnnw'n fwy cyfoethog na Duw. Deg punt!

Dai Ro'dd e 'di colli dau ddedlein diogelwch, cofiwch. Ond ro'dd e'n para i'n hala ni, ddydd a nos, ar ôl y gwythienne mwya trwchus. Ro'dd y Nêfi'n ffaelu cael digon, chwel? Y dreadnoughts mawr 'na, yn mynd drwy'n glo stêm ni fel y clap drwy hwrdy.

Edith Dai!

Dai Sori, Mam.

Edith Fe withes i e mas. Chwe cheiniog.

Dai Chwe cheiniog?

Edith Am bob un. Pishyn chwech y corff. Am bob dyn a bachgen. Dyna'i gosb e.

Dai Ma' Kitchener yn credu 'mod i'n werth fwy na hynny. Ma' hwnna'n rhwbeth, o leia. Mam?

Â Dai allan.

Edith Ma' popeth yn jôc i hwnna. Ond ma' mam yn nabod ei mab. Alle fe ddim stumogi'r pwll rhagor. Dyna pam joinodd e. Sdim bai arno fe. Fe gollodd e gyment o ffrindie lawr 'na, heb sôn am ei frawd a'i dad.

Mae Dai'n camu i'r ffos, gosod ei reiffl yn erbyn bag tywod a bwrw ati i weithio te.

'Mond iddo fe gadw'n lân. Chi'n clywed straeon. Am y mwd mas 'na. Y baw. Digon gwan mae'i gyfansoddiad e wedi bod erio'd, chwel. Dyna pam taw fi o'dd yn ei olchi e. Hyd yn o'd ar ôl iddo fe dyfu'n ddyn. Dele fe 'nôl o'r pwll, ac fe droie fe dri twba yn ddu. Dyna beth o'dd trwch o lo. Ond ro'n i wastad 'na i'w llenwi nhw. Ac i sgrwbo'i gefen. I'w olchi e'n lân. Pwy sy'n mynd i neud 'na nawr mas man'na? Neb, dyna pwy.

Â allan.
Mae Preifat Ellis Jones yn dod mewn wrth yr agoriad, yn talu ac yn ei osod ei hun ar gyfer y llun.

Antoinette Mae'n rhyfedd, ein bod ni'n gwybod yn well na nhw beth yw eu dyfodol nhw. Fe'u gwelsom yn dychwelyd, un ar ôl y llall. Gwniadau eu lifrai yn frith gan lau. Eu coesrwymau'n fwd i gyd, a'u cyffs yn goch gan waed. Os dôn nhw'n ôl o gwbl.

Fflach camera.

Ellis 38392. Preifat Ellis Jones, Machine-gunner, 15th Battalion, Royal Welsh Fusiliers. Sir Gar, ontyfe? Dyn lla'th. Chewch chi ddim lla'th i'r dwyrain o Tower Bridge, heb ei ga'l gan ddyn o Sir Gar. Trydedd genhedleth, i fod yn deg. Ond gwreiddie yw gwreiddie. Ar yr enw ma'r bai, ma'n siŵr. Jones. Pan glywodd y swyddog recriwtio'r enw, ro'dd e'n sŵn i gyd: 'I got just the battalion for you, sonny boy, new Taff lot raised right here in London'.

Hyd hynny, ro'n i wedi cadw'n glir o'r cwbwl, a dweud y gwir. Ond wedyn, fe adawodd rhyw fenyw bluen wen yn un o'i photeli gweigion. A dyma fi'n hel meddyliau. Ar ôl hynny, lle bynnag yr o'n i ar fy rownd, ro'dd poster ar bob cornel. Dechreues i feddwl taw fi o'dd yr unig ddyn yn Llunden o'dd heb ymrestru.

Mae ei wraig, Helen Jones, yn ymddangos yn un o'r ffenestri. Mae'n cario babi.

Helen Wel, mae'n rhaid i rywun ymladd, on'd o's e? Wedi clywed beth wnaeth yr *Huns* yng Ngwlad Belg. Bwrw babanod yn erbyn waliau. A beth wnaethon nhw i'r lleianod 'na. Wrth gwrs byddai'n well gen i 'se Ellis heb fynd. Ond y sôn yw y bydd y cwbwl drosodd cyn hir, beth bynnag. Mae cymaint wedi mynd o fan hyn: dwi ddim yn gweld y bydd yr *Hun* yn para rhyw lawer.

Wnes i eni'r babi yn fuan wedi iddo adael. Merch fach. Megan, ar ôl mam-gu Ellis. Dim ond unwaith mae e wedi'i gweld hi, pan o'dd e gartre, ar leave. Ond wedi iddi dyfu'n fawr, fe fydd hi'n falch o'i thad, on' bydd hi? Fel fi.

Ellis Fe nethon nhw fi'n machine-gunner pan o'n i yn y lein yn Richebourg. Ma'n nhw'n dweud taw fi sy' â'r 'two-inch tap' gore yn y gatrawd. Y gamp yw pwyse'r ergyd.

Mae'n dangos hyn ar machine gun dychmygol.

A ble'r y'ch chi'n tapio. Ar ochr y bôn, jyst o fla'n y pivot. Tap neu ddau ar y chwith, tap neu ddau ar y dde, a bydd y trafŷrs yn lân a chadarn. Dim ond i chi ei fwydo â'r beltiau'n gyson, a chadw i arllwys dŵr i'r siaced oeri, a chadw'r annel yn isel hefyd, wedyn fe gewch chi lif di-baid drwy'r a'r. A do's dim un *Hun* yn mynd i gerdded drwy'r llif hwnnw.

Â allan.

Helen Mae'n ysgrifennu at Megan yn rheolaidd. Llythyron ar wahân a phopeth i'n rhai i, hynny yw. Ac mae e'n dweud na cha'i eu hagor nhw, chwaith. Dweud eu bod nhw ar gyfer ei ferch fach e, pan fydd hi'n hŷn. Ond dwi'n ffaelu'n lân â pheidio, weithiau, a dwi'n eu stemio nhw. 'Mond i gael pip fach sydyn. Wel, ma' angen i fi hefyd wybod bod ganddi dad, on'd o's? Achos pan fuodd e gartre ar leave. Ddwedodd e ddim gair wrthi. Nac wrtha' i. Wel, braidd, beth bynnag.

Mae Ellis yn camu i'r ffos, ac yn dadlwytho ei offer.

Mae e wastad wedi bod shwt sbort. Ond bron nad o'dd dim yn destun chwerthin rhagor. Felly, ma' darllen beth sy' ganddo i'w ddweud wrthi. Yn help. Dwi'n clywed ei lais. Yn y geiriau. Dwi'n ei glywed e'n siarad â hi.

Â allan. Mae'r milwr nesaf, Preifat Aneurin Lewis, yn camu i'r ciwbicyl.

Antoinette Dwi'n meddwl weithiau faint maen nhw'n ei wybod. Ydyn nhw wir yn deall beth sydd o'u blaenau? Ydyn nhw'n gwybod taw dyma fydd eu llun olaf? Hyd yn oed os byddan nhw byw? Yr un olaf ohonyn nhw'n fechgyn, sydd heb weld eto beth gall dynion wneud i ddynion?

Fflach camera. Mae Aneurin yn siarad ag acen y Canolbarth.

Aneurin 49026, Preifat Aneurin Lewis, 15th Battalion, Royal Welsh Fusiliers.

Ar gyfer Siriol mae'r portread hwn. Sylweddolon ni, cyn i mi adael, nad oes lluniau gennym o'n gilydd. Felly, gwnaethon ni addewid. Y buasai'r ddau ohonom yn cael tynnu'n llun, ac y buasen ni'n danfon y lluniau hynny at ein gilydd.

Wnes i ymrestru yn syth wedi troi'r deunaw. Buaswn wedi gwneud yn gynt, ond fy nhad, dwedodd o na allai wneud y tro heb gymorth ar y fferm. Ond pan o'n i'n ddeunaw. Wel, fy newis i oedd o, yndê?

Ond wedyn, bu i mi gyfarfod â Siriol. A dwi'n difaru joinio erbyn hyn. Ro'n i'n gwybod. Dim ond unwaith yn y pedwar amser mae dyn yn cyfarfod yr un iawn. Ond dyma fi wedi gorfod dod fan hyn.

Daw Siriol ymlaen.

Siriol Ond petai o heb ymrestru, fasan ni heb gyfarfod! Dyna dwi'n deud wrtho fo o hyd. Roedd yr adran yn hyfforddi yn Llandudno. Basan ni'n eu gwylio nhw, yn gwneud gwaith dril ar y ffrynt. Gyda sgubau a ffyn yn lle reiffls! Bob bore, basan nhw'n rhedeg dwy filltir. Dechreuis i godi'n gynnar, dim ond er mwyn eu gweld nhw. Wedyn, ar ôl pump o'r gloch, roeddan nhw'n rhydd.

Aneurin Tan i'r goleuadau ddiffodd am ddeg. Ro'n ni'n cael tocynnau rhad i bob sioe ac adloniant. Ar y pier. Yno y gwelais i hi.

Siriol Roedd ei lifrai o'n wahanol i'r milwyr eraill. Brethyn llwyd. Brethyn cartref Cymreig.

Aneurin Ac roedd hi'n wahanol i bob merch arall.

Siriol Dim ond dau fis oedd gynnon ni cyn iddo fynd i Ffrainc.

Aneurin Ffarwelion nhw â ni efo parade llawn. Roedd Lloyd George ei hun yno, yn arolygu'r Division gyfan wrth i ni fartsio heibio yn y blaen.

Siriol Roedd o'n Ddydd Gŵyl Dewi. Roedd gan bob milwr genhinen wedi'i chlymu drwy strap ei ysgwydd, neu wedi ei phinio yn ei gap.

Aneurin Canodd y band.

Siriol Roedd o fel dathliad.

Aneurin A ninnau efo dim i'w ddathlu.

Siriol Heblaw y noson cynt.

Aneurin Ie, heblaw'r noson cynt.

Siriol Pan arhosodd o.

Aneurin Stwffio lights out am ddeg.

Siriol Roedd rhaid i ni. Roeddan ni isho.

Aneurin Rhag ofn.

Siriol Dwi'n gwybod mai dau fis yn unig oedd o . . . Wel, rydan ni'n licio'n gilydd yn arw.

Â Aneurin allan.

Dwi'n gweithio mewn ffatri arfau rŵan, yng Nghaernarfon. Ro'n i'n ofni'r awn i'n canary girl. Y basa 'nghroen i'n troi'n felyn. Ond mae'n iawn, achos dwi'm yn gweithio efo TNT. Ddim eto. Yn hytrach, dwi'n gwneud bonion bomiau, neu'n gweithio ar y nine-twos, gan amla. Sgwn i a fydd Nei yn gweld un o'r sieliau dwi 'di gweithio arni? Yn mynd heibio ar wagen, neu mewn pentwr wrth ymyl y ffordd? Dwi 'di bod yn ystyried sgwennu neges ar un ohonyn nhw, rhag ofn.

Mae Aneurin yn camu i'r ffos, gan ymuno â'r milwyr eraill.

Pan dwi'n eu gweld nhw, yn eu rhesi ar ben rhesi yn y ffatri, weithia dwi'n meddwl am y genethod eraill. Yn yr Almaen. Yn gwneud sieliau i'w saethu at Aneurin. Yn union fel y bydd fy rhai i'n cael eu saethu at eu hogia nhw. Ac mae hynny'n gwneud i mi weithio'n galetach. Achos dwi'n gwybod mai'r rhyfel a'i rhoddodd o i mi. Ond rŵan, dwi isho fo 'nôl.

Â Siriol allan.
Mae Preifat David Jones yn ymddangos yn yr agoriad.
Fflach camera.

David Jones 22579, Preifat David Jones, 15th Battalion, Royal Welsh Fusiliers.

Pan o'n i'n fachgen, roedd hi'n frwydr rhwng Nelson ac Owain Glyndŵr. 'Mam o Loegr. 'Nhad o Gymru. Pan o'n i'n wyth, ro'n i'n arfer cerdded, bob wythnos, o Brockley i Greenwich i weld y twll hwnnw yn lifrai Nelson a agorwyd gan y belen fysged. Yn union o dan yr ysgwyddarn chwith.

Ond yn y pen draw, Glyndŵr a orfu. Darllen am Gymru oedd fy narllen cynnar, gan fwyaf. Prynai 'Nhad lyfrau i mi bob pen-blwydd. *The Mabinogion*, *The Welsh People* gan John Rhys. Wedi darllen y rhain, doedd gen i'r un amheuaeth. Ro'n i'n Gymro, yn llinach tywysogion Gwynedd. Wedi fy llywio gan yr un olwg oesol ar ein hanes.

Dyna pam yr ysgrifennodd fy nhad at Lloyd George. Ro'n i am ymrestru yn ei fyddin Gymreig newydd. Danfonodd ei swyddfa fathodyn ata'i, er mwyn i mi gael mynediad i'w glywed yn siarad yn y Queen's Hall.

Clywir chwarae llais Lloyd George. Mae'r holl filwyr yn y ffos yn troi i wrando ar ei areithio.

Lloyd George Rwy'n cenfigennu at eich cyfle chi, chi, bobl ifainc.

Mae'n gyfle mawr, cyfle sy'n dod i blant dynion dim ond unwaith mewn sawl canrif. I drwch y cenedlaethau, yn ei lwyd di-liw y daw aberth, yn lludded i'r ysbryd. Ond fe ddaw i chi heddiw, fe ddaw i ni i gyd heddiw, ar ffurf gwrid a gwefr achos mawr, achos rhyddid.

David Jones Fe'm hudwyd i gan weledigaeth y Canghellor. Ond ro'n i'n awyddus i gyrraedd y rhyfel yn gyflym. Ro'n i'n cael fy ngadael ar ôl, ac nid dros nos, mae'n debyg, yr oedd troi gweledigaethau yn gig a gwaed. Cynigiais am le gyda'r Artists' Rifles. Ond dwedon nhw fod fy mrest i'n rhy fach. Dechreuais loncian, yn y gobaith y byddai'n ymestyn. Pan agorodd swyddfa recriwtio'r 15th o'r diwedd, mi es i Gray's Inn, a chynnig eto. Fe'm derbyniwyd. Doedd maint fy mrest heb newid, ond roedd y rhyfel wedi.

Mae'n ymuno â'r Milwyr eraill yn y ffos.

GOLYGFA WYTH

Daw De Sitter i mewn, yn cario pecyn â'r cyfeiriad 'Arthur Eddington, Plumian Professor of Astronomy, Trinity College, Cambridge' arno. Mae'n amlwg nad oes neb yn y ffos yn medru ei weld.

De Sitter 1916. Dyna'r flwyddyn pan newidiodd *popeth*. A dwi'n golygu popeth. Amser. Gofod. Y bydysawd.

Mae'n codi'r pecyn i bawb gael gweld.

A'r cyfan oherwydd hyn. Damcaniaeth Perthnasedd Cyffredinol gan Albert Einstein. Mae'r hyn y mae e'n ei ragweld yn wirioneddol eithriadol. Nad grym yw disgyrchiant, ond canlyniad i'r ffaith fod amser y gofod wedi ei wyrdroi.

Mae'n edrych o'i amgylch, ar y ffos, ar y Milwyr.

Nid yn wyrdroëdig fel hyn, ond wedi ei ystumio, oherwydd dosraniad y màs a'r egni y tu mewn iddo.
   Mae'n rhagweld hefyd nad oes y fath beth ag amser absoliwt. Dychmygwch hynny. Hyd at 1916, mae'r ddynoliaeth wedi credu bod modd labelu pob digwyddiad gyda rhif cyson o'r enw 'amser'. Ond dim rhagor. Drwy'r syniad hwn, mae amser yn troi'n bersonol.
   O 1916 ymlaen, bydd amser a gofod yn bethau deinamig. Byddan nhw'n effeithio *ar*, ac yn cael eu heffeithio *gan*, bopeth sy'n digwydd yn y bydysawd. Bydd pawb yn cael eu heffeithio gan bawb arall.

On'd yw e'n anhygoel? Gallu'r ddynoliaeth i'w synnu ei hun. A ninnau'n credu nad oes modd i ni fynd gam ymhellach. Mynd gam ymhellach a wnawn ni.

Mae'n bwrw golwg dros y ffos eto, a'r Milwyr.

Ymlaen ac yn ôl ar yr hyn ry'n ni'n ei alw yr union yr un pryd. Ond ym mha gyfeiriad bynnag, y mae wastad gwrthsafiad. Dyw syniadau fel yr un yma, er enghraifft, ddim yn ffynnu ar eu pennau nhw eu hunain. Mae angen eu dyfrhau drwy gyfathrebu. Ond dyw 1916, fel sy'n hysbys i chi i gyd, ddim yn amser da ar gyfer cyfathrebu. Yn enwedig os ganed y syniad hwnnw ym meddwl Almaenwr, a bod ei ledaenu'n ddibynnol ar iaith a sefydliadau'r Prydeinwyr.

Na, ddim yn amser da o gwbwl. A'r ddwy wlad wrthi'n porthi methiant mwya dyfal y ddynoliaeth. Rhyfel. Angau pob ymgom. Angau pob meddwl.

Ac i'r adwy honno, dyma fi'n camu. Mae angen cyfryngwr ar bawb weithiau. Hyd yn oed Einstein. Willem de Sitter, at eich gwasanaeth. Gwyddonydd o'r Iseldiroedd. Ry'n ni'n niwtral yn y rhyfel hwn. Dwi eisoes wedi sgrifennu am ei Ddamcaniaeth. Yn Saesneg. Felly ro'n i'n fwy na pharod i ddanfon copi i Brydain, wrth gwrs. Ond at bwy? Ar yr adeg hon o ddallineb cenedlaethol, i bwy y gallwn ymddiried y syniad hwn o'r bydysawd.

Mae'n darllen o'r cyfeiriad ar y pecyn.

Arthur Eddington, 'Plumian Professor of Astronomy', Caergrawnt. Dyna pwy. Crynwr ac felly heddychwr. Ond yn bwysicach, gwyddonydd hefyd, sy'n deall yr ymdrech uwch sydd y tu hwnt i fân ymyriadau rhyfel a gwleidyddiaeth. Gwnawn ni obeithio fy mod i'n iawn, a bod Eddington yn gweld y goleuni yn y cyfnod tywyll hwn. Ei fod e'n gweld y *syniad*, ac nid cenedl y dyn a'i meddyliodd. Ei fod e'n cydio yn y cyfle hwn i fod yn rhan o newid popeth am byth. Drwy roi i'r syniad hwn iaith newydd, ac felly bywyd newydd. Cawn fyw mewn gobaith.

Â De Sitter allan.

GOLYGFA NAW

Daw Wyn Griffith (Ifanc) ymlaen gyda phapurau, ffeiliau, mapiau. Mae Wyn Griffith (Hŷn) yn gwylio.

Wyn Griffith (Hŷn) Fel swyddog staff, roedd fy nghyfrifoldebau i'n rhannu'n ddwy, i bob pwrpas, sef rhoi gorchmynion a sicrhau bod gweithredu ar y gorchmynion hynny. O'r herwydd, ar y bore hwnnw o'r seithfed o Orffennaf, 1916, fe wyddwn i'n burion beth oedd o flaen y milwyr hynny a fyddai'n gorfod ymosod ar y goedwig.

Mae'r taniad Prydeinig yn dechrau, dwndwr cyson y gynnau mawrion. Gan ragweld talu'r pwyth yn ôl, mae'r Milwyr yn y ffos yn ymochel gorau y gallant.

Mae Wyn Griffith (Hŷn) yn amneidio at ddaearyddiaeth tir neb wrth iddo siarad. Mae'r taniad yn dwysáu wrth i'r araith fynd rhagddi.

Byddai tasg y diwrnod yn cael ei hymddiried nid i'm hen fataliwn i, y London Welsh, ond i'r South Wales Borderers, a'r 16th Welsh, a fyddai'n ymosod ar Hammerhead, ar ystlys dde'r goedwig.

Roedd y cwm a gydredai â Choed Caterpillar yn cynnig amddiffynfa. Ymlaen tua'r gogledd, codai'r tir tuag at y cefn diamddiffyn hwnnw. Byddai gan y gelyn machine guns wedi eu gosod wrth y mangoed hynny. Roedd General Evans wedi penderfynu y byddai'r ddau fataliwn yn cydymosod ar hyd yr un libart, gan ddilyn cysgod naturiol y cwm. Byddai dau arall yn dilyn, yn gefnogaeth iddynt.

Roedd o'n gynllun da. Ond nid yn ddigon da i Bencadlys y Corps, a fynnai fod dau fataliwn yn ddigon ar gyfer y cyrch cyfan. A dyna pham, wrth i'r eiliadau dician lawr i sero, mai dynion Sir Fynwy ac Aberhonddu a safai'n un llinell i fyny ar hyd y cwm, a dynion Caerdydd hwythau'n un llinell ymhellach i'r gogledd, islaw y cefn hwnnw.

Daw tanio'r gynnau mawrion i ben yn sydyn. Mae Wyn Griffith (Ifanc), Wyn Griffith (Hŷn) a'r Milwyr yn y ffos i gyd yn edrych tuag at y cyrch, oddi ar ochr chwith y llwyfan. Clywir sŵn gwan chwibanau, eiliadau o ddistawrwydd, ac wedyn sŵn dychrynllyd tanio machine guns.

Mae'r agoriad sydd nesaf at y cefn yn agor yn sydyn i ddangos torsos milwyr. Mae pob un ohonynt yn syrthio yn eu tro wrth iddynt ddod i'r amlwg.

Y tu ôl i bob milwr mae bob o ysgrifenyddes Whitehall yn teipio'n ffyrnig.

Try sŵn tanio'r machine guns yn sŵn teipio. Wrth i deipio'r ysgrifenyddesau arafu, gostynga'r sain hefyd.

Un arall o'm dyletswyddau oedd casglu'r adroddiadau bataliwn. Ymhen amser, wedi i deipyddion Whitehall eu trawsysgrifio, y rhain fyddai hanesion swyddogol ein hymdrechion.

Mae Ysgrifenyddes Whitehall 1 yn tynnu darn o bapur o'i theipiadur ac yn darllen dyddiadur Bataliwn yr 11th South Wales Borderers, y 7fed o Orffennaf.

Daw dau ŵr ifanc yng ngwisg rygbi Cymru y 1900au, Johnnie Williams a Dick Thomas, ymlaen. Gwyn yw lliw eu crysau, ond wrth i'r olygfa fynd rhagddi, mae gwaed yn ymledu drwyddynt hyd nes eu gwlychu'n goch, ac eithrio tair pluen sy'n aros yn wyn ar bob brest.

Ysgrifenyddes Whitehall 1 11th Battalion, South Wales Borderers, y 7fed o Orffennaf, 1916. Cyrch ar Goed

Mametz am 8.24 a.m. Ar y cyd â'r Cardiff City 16th
Welsh. Methodd y cyrch. Hysbyswyd y Bataliwn, a
chafwyd ail gyrch am 11 a.m. Methodd hwn hefyd.

*Wrth iddi ddarllen, clywir y Milwyr yn y ffos yn
dechrau rhestru'n dawel enwau'r sawl a laddwyd yn y
cyrch. Mae awgrym o restr i'w ganfod ar dudalennau
83–5.*

*Mae Aneurin, Ellis a David Jones yn ymochel gyda'i
gilydd.*

Ellis Ddethon nhw ddim o fewn tri chan llath. Dim un
ohonyn nhw.

Dai Ro'dd e mewn cwtsh mor glyd â phathew. Yn y
mangoed 'na.

Aneurin Yn ôl y gunner 'ma – wnes i gyfarfod ag o pan
o'n ni'n dau'n filwyr wrth gefn – roedden nhw wedi addo
smokescreen. Ond doedd 'na'r un.

Ellis Ffycin artillery.

Dai Licen i eu gweld nhw yn y bla'n am unweth.

*Mae Ysgrifenyddes Whitehall 2 yn tynnu darn o bapur
o'i theipiadur ac yn darllen dyddiadur Bataliwn y 16th
Welsh, y 7fed o Orffennaf.*

Ysgrifenyddes Whitehall 2 16th Battalion, Welsh
Regiment. Y 7fed o Orffennaf, 1916. 8.30 a.m., bataliwn
dan orchymyn, yn esgyn ar eu hochr nhw o'r llethr ac yn
wynebu Coed Mametz mewn rhengoedd fesul platŵn.
Pallodd tanio ein gynnau mawrion am 8.30 a.m. a
dringodd rhengoedd cyntaf y bataliwn dros grib y llethr,
ond yno, o'r tu blaen, daethant o dan warchae tanio
trwm y machine guns o Goed Mametz a thanio enffilâd o
Fangoed Flatiron a Mangoed Sabot.

*Mae'r Milwyr yn y ffos, namyn Aneurin, Dai, Ellis a
David Jones, yn dal i lafarganu enwau'r rhai a gollwyd.*

Dai Bowen '67? Gyda thîm Lewis? Ma' hanner ei bentre fe yn yr 11th Borderers.

Ellis Druan ag e. Llawer?

Dai Digon. Ro'dd e'n taeru y bydde fe'n dial cam ei gefnder, a hwn a'r llall. Ro'dd e'n sgrechen myrdyrs. 'Y bastard squareheads diawl'. Gorfod i Sarjiant ei roi e ar fatigue. Ro'dd e'n rhoi shiglad i'w dîm ei hunan.

Aneurin Mae ar ben ar Johnnie Williams hefyd.

Dai Shit.

Ellis Johnnie pwy?

Dai Johnnie pwy? Johnnie Williams, wrth gwrs. Y chwaraewr rygbi.

Aneurin Capten Cymru. Asgellwr.

Dai Weles i e'n sgoro yn erbyn y Springboks yng Nghaerdydd. O'dd 'dag e inside swerve blydi anhygol. O'dd e'n gallu mynd heibio i bopeth.

Ellis Aeth e ddim heibio i ffycin dryll Maxim.

Aneurin Glywais i fod Dick Thomas wedi mynd hefyd.

Dai Dick Thomas?

Aneurin Blaenwr? Cafodd o gwpwl o gapiau 'nôl yn '06.

Dai Dwi'n cofio'r bachan. Cas e gêm a hanner yn erbyn y Gwyddelod?

Aneurin Enillon nhw eu capiau efo'i gilydd, y ddau 'na. Dyna ddwedodd un o'r bechgyn.

Dai Shit. Alla'i ddim credu'r peth. Johnnie Williams. A Dick Thomas hefyd.

Mae'r ddau chwaraewr rygbi yn suddo i'r llawr. Mae trydedd Ysgrifenyddes Whitehall yn tynnu darn o bapur allan ac yn darllen gweddill dyddiadur Bataliwn y 16th.

Ysgrifenyddes Whitehall 3 Y Bataliwn wedi dioddef yn drwm ac wedi gorfod cilio'n ôl i'w hochr nhw o'r grib. Gwnaed dau gyrch arall gan y Bataliwn ond roedd eu safle yn rhy agored i gynnig unrhyw obaith o lwyddiant.

Mae'r Milwyr, wrth ddod i ddiwedd eu llafarganu, yn eu gosod eu hunain yn un llinell o feirwon a chlwyfedigion, gan orwedd mewn rhes. Mae rhai'n tynnu blancedi amdanynt.

Clywir sŵn siel drom yn glanio gerllaw.

Mae'r agoriad pellaf un yn y cefn yn agor i ddangos mwg yn llenwi'r cae tu draw.

GOLYGFA DEG

Mae Wyn Griffith (Ifanc) yng nghwmni'r Cadfridog Evans, sy'n bwrw golwg dros faes y gad drwy berisgop. Mae'r meirwon a'r clwyfedigion yn gorwedd y tu ôl iddynt.

Wrth iddynt sgwrsio, ac o bryd i'w gilydd, mae ambell siel yn glanio gerllaw.

Cadfridog Evans Blydi ffolineb noeth! Maen nhw'n galw am gyrch arall. Ond ry'n ni wedi ymosod ddwywaith, ac i ba ddiben? Mi ddwedais i wrthyn nhw. Cymerwch y coed fin nos. I fyny'r cwm. Dyna'r unig ffordd.

Mae siel arall yn ffrwydro. Mae'r Cadfridog Evans yn edrych ar y clwyfedigion o'i amgylch.

Pam nad y'n nhw wedi taflu shrapnel aton ni, Duw a ŵyr? Hwn, mae'n amlwg, yw'r unig fan ymgynnull.

Wyn Griffith Taswn i'n gallu cysylltu efo nhw, a fyddech chi'n fodlon siarad efo nhw? Ceisio un waith eto?

Cadfridog Evans Mae'r gwifrau wedi'u torri. Ac mae'r cyrch ar ddigwydd ymhen ugain munud. Mae amser yn drech na ni.

Wyn Griffith Ond taswn i'n gallu dod o hyd i linell?

Cadfridog Evans Gwnawn, wrth gwrs y gwnawn i. Blydi gwallgofrwydd. Blydi gwallgofrwydd enbyd.

Mae Wyn Griffith yn gadael y Cadfridog Evans ac yn dechrau chwilio am linell gyfan. Wrth iddo chwilio, mae Wyn Griffith (Hŷn) yn annerch y gynulleidfa.

Wyn Griffith (Hŷn) Fe geibiodd yr Almaenwyr yn ddyfnach na ni. Nid o ran eu dewrder. Eu dugouts dwi'n golygu, eu ffosydd. A'u gwifrau ffôn. Wedi'u claddu'n ddwfn, ac yn ymestyn filltiroedd y tu ôl i'w linellau. Rhai bas oedd ein rhai ni. Yn aml heb eu claddu o gwbl. Rhyw gludwr stretcher yn baglu; rhyw siel strae'n archwilio ein ffosydd cyfathrebu. Hyd yn oed llygoden Ffrengig, mae'n siŵr, petai hi'n ddigon llwglyd. Ond doedden nhw braidd byth . . . Felly caent eu torri o hyd, chi'n deall. Ein llinellau ni. Efallai nad yw hynny'n swnio'n drychineb i chi. Ond credwch chi fi, buasai'n well gen i linellau ffôn dyfnach na dugouts neu ffosydd dyfnach.

Anadliad a gair neu ddau. Dyna'r cyfan oedd ei angen i gysgodi dyn rhag y bwledi a'r sieliau. Felly dyna pam y chwiliais y diwrnod hwnnw am bob gwifren oedd heb ei thorri, nid oherwydd y bygythiad i'm bywyd i, ond am fod bywydau cannoedd o ddynion eraill yn y fantol. Ces achos dro ar ôl tro yn y fyddin i deimlo nad o'n i'n gwneud fawr ddim mwy na chyflawni rôl. Un y gellid bod wedi ei chwarae gan unrhyw ddyn arall. Ond wrth i mi chwilio am y llinell honno, teimlais i mi gael fy newis. Gan mai hwnnw, a hwnnw'n unig, oedd y rheswm i mi gael fy arbed.

Mae Wyn Griffith (Ifanc) gyda'r Cadfridog Evans wrth y ffôn. Mae hwnnw'n dadlau gyda'r person sydd ar ben draw'r llinell.

Cadfridog Evans A dwi'n dweud wrthoch chi nad niferoedd yw'r ateb. Nid mater o blydi dyfalbarhad yw hwn. Mae'r cefn yn agored . . . Does na'r un blydi smokescreen! Na . . . Mae'n rhy hwyr. Erbyn i ni aildrefnu, fydd hynny ddim yma nac acw.

Mae'n troi at Wyn Griffith (Ifanc).

Griffith. Sawl un?

Wyn Griffith (Hŷn) Tua phedwar cant.

Wyn Griffith (Ifanc) Pedwar cant, syr.

Cadfridog Evans (*i mewn i'r ffôn*) Pedwar cant. Ein holl swyddogion, bron. Mae'n rhaid i ni ohirio . . . Ydw . . . Ydw . . . Iawn.

Mae'n ailosod y derbynnydd ac yn estyn am ei lyfr nodiadau a'i bensil. Wrth iddo ysgrifennu:

Gohiriwyd.

Mae'n rhaid gwneud yn siŵr bod y neges hon yn cyrraedd. Cymer hwn a cher i fyny'r ceunant. Mi af i'r ffordd arall. Gydag unrhyw obaith, bydd un ohonon ni'n cyrraedd. Pob lwc.

Mae'r agoriad yn cau wrth i'r ddau ddyn ymadael. Mae Wyn Griffith (Hŷn) yn eu gwylio nhw'n mynd.

Wyn Griffith (Hŷn) Achubodd Evans y brigâd rhag difancoll y diwrnod hwnnw.

Roedd hi'n hanner nos cyn i'r ola o'n trŵps ni gilio o'r cefn hwnnw. Y tu ôl iddyn nhw, roedden nhw wedi gadael cyrff y sawl a fu farw i brofi bod machine guns yn gallu amddiffyn llethr foel. Ac roedd y goedwig heb ei chipio chwaith. Ond fe wydden ni oll fod yr amser ar ddod pan fyddai'n rhaid i ni ymosod arni unwaith eto.

GOLYGFA UN AR DDEG

Daw De Sitter i mewn, gan ymddangos yn un o'r ffenestri. Islaw iddo, mae Milwyr yn llenwi'r ffos unwaith eto.

De Sitter 'Yr amser ar ddod.' 'Ar amser.' 'Mae'r amser yn mynd rhagddo.' Na. Nid yw amser yn 'dod' nac yn 'mynd rhagddo'. Mae syniadau Einstein yn disodli rhyw feddyliau felly. 'Gorffennol.' 'Presennol.' 'Dyfodol.' Maent i gyd mor real â'i gilydd. Traheustra yw credu'n wahanol. Ildio i ormes y 'nawr'.

Dychmygwch, os dymunwch, fedru sefyll y tu allan i'r bydysawd. Nid dim ond y tu allan i ofod, ond y tu allan i amser hefyd. O'r safbwynt hwnnw, fe welwch chi bopeth. Y Glec Fawr yn y dechreuad. Ac ar y diwedd, wel, beth bynnag sy'n digwydd ar y diwedd. Ond beth sydd *yn* bwysig yw bod amser yn ei gyfanrwydd yno. Blocyn ohono. Mae'r hyn ry'ch chi'n ei alw'n 'nawr' yn ddot y tu mewn i'r blocyn hwnnw o amser. A dim byd mwy.

Heblaw am eich presenoldeb chi, does dim modd gwahaniaethu rhwng y pwynt hwnnw ac unrhyw bwynt arall.

Peidiwch felly â 'chofio'r' dynion hyn. Oherwydd ni fodolant fymryn yn llai yn eich gorffennol chi nag y bodolwch chwi yn eu dyfodol nhw. Ni ddylem gofio na phroffwydo mwyach. Dylem brofi yn unig. Profi a theimlo. Nid y ni sy'n diffinio amser, ond nid amser, chwaith, sy'n ein diffinio ni.

Â allan.

GOLYGFA DEUDDEG

Eistedda David Jones ar flwch ammo, ar wahân o'i dri chyfaill sydd wrthi'n gweithio te mewn fflasg dolciog. Mae Dai yn glanhau ei reiffl, wrth i Aneurin baratoi darn o sachliain allan o fag tywod i greu mantell.

Mae David Jones yn tynnu llyfr braslunio allan ac yn annerch y gynulleidfa wrth iddo fraslunio'r dynion o'i amgylch.

David Jones Bydd yr arogl hwn yn aros gyda mi weddill fy mywyd. Mae llaid llwyd yn gorchuddio popeth. Yn gymysg oll i gyd, mae arogl y latrines, llwydni, cordite, croen heb ei olchi, saim morfil ar gyfer dolur traed y ffosydd, chloride of lime. Ac, wrth gwrs, arogl dynion yn pydru.

Ysywaeth, gwell gen i fywyd y ffos na bywyd y fyddin fel arall. Fan hyn, o leia, mae'r milwrol yn magu ystyr. Felly hefyd pobl eraill. Mae dynion yn fwy ffeind wrth ei gilydd. Hyd yn oed y bastards gwaethaf.

Ellis Oi, cochyn! Te?

David Jones Ta!

Hyd yn oed wrthyf i. Gwas bach y platŵn. Yn y ffosydd, baw isa'r domen. Ni yw'r labrwyr. Y trwswyr. Ceibwyr y saps. Ceidwaid y bwcedi. Tyllwyr y tai bach. Arbenigedd yw'r hierarchiaeth fan hyn. A does gen i'r un. Yr arwyddwyr, y bomwyr, cludwyr y stretchers, y snipers. Hyd yn oed timoedd mortarau'r ffos, sy'n fawr gwell na sgwodiau hunanladdiad.

Wedyn, mae'r dosbarth arall, wrth gwrs. Y swyddogion. Ein gwylwyr a'n gorchmynwyr ni, ni'r gweithwyr a'r gweision. Brîd sy'n prysur farw o'r tir. Eu hosgo sydd ar fai. Eu silwét nhw yn eu Sam Brownes, y cotiau canol-cul, y llodrau.

Mae'n dangos braslun o swyddog mewn silwét.

Dyna'u troi nhw'n dargedau hawdd. Maen nhw wedi gorfod dechrau chwilio drwy'r rhengoedd nawr am rywrai addas i'w dyrchafu. Bu i'r Cyrnol hyd yn oed ofyn i mi unwaith.

Daw Cyrnol Bell i mewn.

Cyrnol Bell Jones?

David Jones *Yessir.*

Mae'n mynd at Bell.

Cyrnol Bell Pam nad oes gennych gomisiwn, Jones?

David Jones Nid person felly ydw i, syr.

Cyrnol Bell Nonsense, fel y gwyddoch yn iawn. Rydych, yn ddi-os, yn swnio fel person felly.

David Jones Ond dydw i ddim, syr. Wir. Dwi'n hollol ddi-glem.

Cyrnol Bell Fyddwn ni fawr o dro'n adfer hynny.

David Jones A fyddwn i ddim yn medru rhoi gorchmynion i ddynion eraill, syr.

Cyrnol Bell Rubbish! Osgoi gwaith a dyletswydd yw hyn, Jones. Fel dyn a gafodd addysg, dylech gynnig am gomisiwn. Pa un oedd eich ysgol chi?

David Jones Camberwell School of Arts and Crafts, syr.

Cyrnol Bell O. Right. Wel, dyna ni 'de. Dyna'r cyfan, Jones.

Â allan i'r dugout.
Ymuna David Jones â'r tri sy'n swatio wrth y fflasg. Mae'n oedi cyn cyrraedd.

David Jones Dylwn i fod wedi dweud na fyddai gwahaniaeth gen i fod yn gadfridog. A dwi'n ddigon hoff o 'British Warms' y swyddogion. Y Burberrys. Ond *bod* yn swyddog. Na. Dwi'n teimlo'n nes at Gymru gyda'r milwyr cyffredin. Ac at hanes. Deallwn, gyda'n corff, nid gyda'n meddwl, nad yw hanes yn darfod, dim ond mynd yn ei flaen.

GOLYGFA TRI AR DDEG

Ymuna â'r tri arall o amgylch eu fflasg uwch y tân. Mae Dai yn darllen copi o The Daily Graphic. *Mae Aneurin yn clymu llinyn i'w fantell wneud. Mae Ellis yn estyn mẁg o de at David Jones.*

Ellis 'Na ti, bartner. Cliff Trench finest, gyda'r twtsh lleia o chloride of lime.

Dai A bacwn.

Ellis Efallai twtsh o facwn 'fyd, ond pwy sy'n ffycin conan, wir?

Dai Grist o'r north, wyt ti onest yn blydi ugen?

David Jones Tachwedd diwetha.

Ellis Iesu. Hoffen i gwrdd â dy wha'r di.

Mae'n cymryd y papur oddi wrth Dai.

Dai Wedi'r cwbwl, ma' Nei 'mond yn ddeunaw, ond mae e'n edrych yn hŷn. Dwi'n credu dy fod ti 'di blyffo, on'do fe?

Mae Aneurin yn gwisgo ei fantell sach amdano. Mae ganddo eisoes frethyn sach o amgylch ei goeswymau.

Ellis Blydi hel, Nei! Gwisga di ragor o hwnna, a bydd rhyw was bach yn dy hwpo di yn y ffycin parapet.

Aneurin Mae'n fy nghadw i'n sych, on'd ydy. Aros di tan ei bod hi'n pistyllio fel oedd hi ddoe, a byddi di hyd at dy benliniau unwaith eto.

Dai Hyd fy meionet, hyd yn o'd! Ond fe gwata' i yn y got fawr, diolch yn fawr.

Aneurin Ie, wel, dydy'r rheini ddim yn tyfu ar goed, ydyn nhw? Cotiau mawr.

Ellis A do'dd honna ddim, chwaith. Corporal yn y 16th, ontyfe?

Dai Do'dd hi werth dim iddo fe rhagor.

Ellis Hwrê. Spurs–un, Everton–dim.

Aneurin Felly, beth arall glywodd dy fêt di o'r Signals 'te, El? Oedd 'na fwy?

Dai Wrth gwrs fod 'na blydi mwy. Bydd y crach bownd o ishe siot arall arni, on' byddan nhw?

Aneurin Ond ddim yn syth, falle? Ddim nawr ein bod ni mewn. Allan nhw ddim. Ddim ar ôl ddoe.

Ellis Dwi'n ofni taw Dai sy' 'di'i deall hi, Nei.

Dai Shit. Ydw i?

Ellis Dyna'r siarad gyda'r signals, ta beth. Ma'n ffrind i'n dweud ei bod hi'n siang-di-fang lan gyda'r Division. O ran cadw trefn ar y sioe 'ma. Wel, ma' gwas y swyddog cyswllt yn dweud ei fod e wedi clywed rhyw fachan fuodd gyda'r cadfridogion yn dweud bod y cwbwl yn mynd i fod yn 'first-class bollocks'. Dim byd gwell na mwrdro Cristnogion, a do'dd e ddim am gael ei gysylltu ag ymosodiad o'r tu bla'n fel hwn.

Aneurin Ymosodiad o'r tu blaen?

Ellis Ie. Ry'n ni'n bownd o orfod bod yn y tir agored. Ac ma' Jerry'n ishte'n glyd yn ei gwtsh yn y bastard coed 'na. A geswch pwy sy' ar flaen y ciw i ofyn iddo fe a fydde fe mor garedig â symud yn ei fla'n – os gwelwch yn dda – a diolch yn fawr iawn hefyd, gwerthfawrogi'n fawr, Jerry boi.

Mae David Jones yn rhwbio'i ddwylo dros ei freichiau a'i goesau i geisio cadw'n gynnes. Mae Dai'n diosg ei got fawr ac yn ei thaflu ato.

Dai Co ti. Ma' mwy o ishe hon arnot ti nag arna' i. Noson o blydi haf, a co ti'n crynu fel Christmas.

Ellis Wrth gwrs ei fod e. Do's dim y stwffin 'dag e sy' 'da ti, o's e?

Mae David Jones yn dechrau gwisgo'r got fawr. Mae'n llawer rhy fawr iddo.

Dai Comic iawn. (*At David Jones*). Dim ond ar fenthyg, cofia.

Mae'r got yn ei foddi.

Aneurin Blydi hel! Y got sy'n dy wisgo di, nid fel arall!

Ellis Oi sarge! Ry'n ni 'di colli Jones. Ond sdim ots, fe gewn ni got fawr Dai yn ei le fe.

Aneurin Dai Got Fawr. Am enw da i ti.

Dai Enw tip top. Dwi'n hapus i hala 'nghot i dros y top os yw hynny'n golygu nad o's rhaid i fi fynd.

Curiad.

Chi'n meddwl shifftwn ni e?

Ellis Y sôn yw eu bod nhw'n mynd i ddechre gydag yffarn o daniad trwm.

Aneurin Ar y safleoedd iawn, ie?

Mae Dai'n codi ei esgidiau allan o'r dŵr sydd hyd at eu pigyrnau.

Dai Man a man saethu torpidos ato fe ffor' hyn.

Aneurin Ond mae ei ffosydd o yn sych.

Ellis Medde pwy?

Aneurin Y sarjiant ar y cyrch 'na mis diwetha. Mor sych â sglodyn. Mae'n dir uwch, on'd ydy? Wal gefn go iawn, hefyd, wal bleth.

Dai Wel, fe gymera'i ei fŵts pen-glin e, os nag yw e ishe nhw. Ma'n nhw bownd o fod yn well na'r ffycin puttees 'ma.

Mae Ellis yn astudio erthygl yn y papur.

Ellis Iesu, dyw'r propaganda conshi 'ma ddim yn dda i'r trŵps. Trueni na fydde fe Jerry'n gadael ei ôl ar Mecklenburgh Square. A chrogi Mr Bertrand blydi Russell gyda baner yr Undeb.

Aneurin Clywais i Evans yn dweud bod Jerry'n gysurus iawn yn ei safleoedd newydd yn y goedwig. Ac wedi dod mewn â mwy o ynnau mawrion. Ydych chi'n credu y byddwn ni'n mynd cyn hir?

Dai Nawr neu ddim o gwbwl. Ma'n nhw'n cytuno ar hynny, on'd y'n nhw?

Ellis Falle heddi'. Pwy a ŵyr? Ond ma'n nhw wastad yn ffidlan â'r blydi fwydlen, on'd y'n nhw? Ac yn ôl fy ffrind i yn y Signals, ma' naws 'Co ni'n mynd 'de' dim whare yn stafell yr orderly.

Mae Dai yn darllen rhywbeth ar dudalen gefn y papur sydd yn llaw Ellis.

Dai Wel, twll dy din di, Father Vaughan! 'More zeal in the business of killing?' Ma' ishe iddo fe ga'l siot yn y Bull Ring, weden i. 'Na wbod 'i seis e wedyn.

Clywir ffrwydrad siel gerllaw. Mae pob un ohonynt yn edrych tuag at y sŵn.

Aneurin Dydy o ddim yn yr un hwyliau troi'r-foch-arall ag yr oedd o ddoe.

Ellis Ma'n gwybod beth sy' ar ddod, weden i. Mae'n gobitho'n cwpla ni fesul un fan hyn, yn hytrach na allan fan'na.

Clywir ffrwydrad, atsain a dwndwr rhagor o sieliau'n glanio.

Dyna i chi fenyw. Tetsy Villey. Fe'i clywes hi'n canu yn y *Palace*. Sen i ddim yn ŵr priod . . .

Mae Dai'n cymryd y papur.

Dai Ond mi rwyt ti, on'd wyt ti, El, felly gad honna i fi, gw'boi.

Ellis Ti? Iesu Grist, dyna beth fydde gwastraff. Gadel menyw fel honna i rywun na fuodd yn agos at ferch erio'd.

Dai Dwi wedi!

Ellis Wrth gwrs dy fod ti, sowldiwr, wrth gwrs dy fod ti. Ond dyw sugno tethe dy fam ddim yn cyfri, 'machgen glân i.

Dai Fe wnes i e gyda Ffrances. Pan stopon ni yn yr orsaf. Ro'n i ar y verge, ein dau.

Ellis Wrth gwrs eich bod chi. Ac wedyn gyda'i chwa'r yn stafell y guard, ma'n siŵr. Beth amdanat ti, Nei? Unrhyw sbort lawr yn yr estaminet?

Dai Nag wyt ti 'di clywed? Ma' Nei in love. Mond mewn un man y bydd e'n ei neud e, ac nid yn Ffrainc ma' 'ny, yfe, Nei?

Ellis Y ferch 'na o training? Beth yw ei henw hi? Syrup.

Aneurin Siriol yw ei henw hi. Siriol.

Dai O's ffotograff 'da ti?

Aneurin Falle.

Ellis O, dere mla'n 'de. Rhanna'r rations rownd!

Yn anfoddog, mae Aneurin yn tynnu llun o'i boced. Mae'n ei basio i Ellis sy'n nodio'i ben yn werthfawrogol.

Pert iawn. Un i dorri calonne, fentra' i.

Aneurin Hei! Olreit. Mi gest ti dy gip.

Mae Ellis yn pasio'r llun i Dai.

Dai Wel, shwmae, bach! Hyfryd, Nei, hyfryd iawn.

Ellis Fe wnelen i damed o target practice, sen i'n ti, Nei.
Lawr yn yr estaminet. Nid nofis yw hon, yn ôl ei golwg
hi.

Aneurin Rho fe 'nôl, y –

*Fe dorrir ar ei eiriau gan ffrwydrad mawr. Mae'r
agoriad yn saethu ar agor. Chwythir baw drwyddo. Yn
reddfol, mae'r milwyr yn cyrcydu a gorchuddio eu
pennau. Heblaw David Jones.*
    *Mae'n siarad fel petai wedi ei fesmereiddio gan y
taniad, sy'n parhau wrth iddo siarad.*

GOLYGFA PEDWAR AR DDEG

David Jones Mae'n llifeirio-hydreiddio, yn trwytho
popeth byw; gyda chywirdeb logarithmig a amserwyd
gan ddeial – gyda chyflymder a gynlluniwyd, dyfais
dichell cemegwr mên, tegan dinistriol ffisegydd brwnt.
    Allan o'r fortecs, daw gan anrheithio'r aer – disglair ei
draed pres, Pandoraidd: â sgrechain hollbresennol,
torrodd pentyrrau crescendo yr udo yn glec. Yna'r trais a
fu'n gaeth cyhyd – coron pob ffrwydro; pob rhwygo ar
agor, pob hollti hallt – pob gwaredu ar fents – pob
chwalu rhwystr – pob dad-greu. Ymdoddi ac agennu pob
peth solet.

*Mae'r golau'n codi ar Wyn Griffith (Hŷn) yn yr
agoriad sydd yn agored.*

Wyn Griffith (Hŷn) Pwt o gân ar grwydr. Helmed lwyd,
yno am ennyd. Ai'r gelyn oedd y gwŷr yn y ffosydd
eraill? Na, drwyddi draw, ein gelyn ni oedd y darn
hwnnw o haearn a ffrwydrai mewn ffos. Dyna achos yr
anffurfio a'r difodiant. Cyfrifwaith mathemategydd
filltiroedd i ffwrdd.

*Mae'r golau'n codi ar De Sitter, sydd hefyd yn yr
agoriad, a'i delesgop wrth ei ymyl.*

De Sitter Mae hyn yn fater o gryn bwys. Mae hynny'n
amlwg, meddech chi. Mae'n fater hefyd o gryn bwysau,
cofiwch chi. Pwysau'r arfau a phwysau disgyrchiant.

Pob un siel sy'n gadael barel howitzer, pob un bwled
sy'n tasgu wedi tanio'r gwn. Maent ar unwaith, bob un,
o dan ormes disgyrchiant. O'u milieiliad gyntaf yn yr aer,
syrthio y maent.

Mae angen cyfrifo, felly. Sut mae rheoli'r syrthio
hwnnw, er mwyn sicrhau eu bod yn disgyn ar gyrff, neu
yng nghyrff, dynion eraill? I wneud hynny, nid yw'n
ddigon i ni ddeall disgyrchiant, mae'n rhaid deall
troadau'r ddaear hefyd. Yr hyn a elwir gan wyddonwyr a
magnelwyr yn effaith Coriolis. A pham mae'r ddaear yn
troi? Disgyrchiant.

Wyn Griffith (Hŷn) Ym mhen draw'r goedwig, mae
gunner Almaenig yn troelli olwyn neu ddwy, yn gwthio
baryn o haearn, gan beri i angau esgyn i'r awyr. Aiff i
gael ei ginio, wrth i dri Llundeiniwr draw fan hyn lenwi
bagiau tywod a dadlau am Tottenham Hotspur.
Fflachiad, sŵn a chwmwl o fwg.

Ffrwydrad swnllyd arall.
   *Mae'r Milwyr yn edrych oddi ar y llwyfan tuag at
sŵn sgrechain.*

Ellis Ffycio nhw! Maen nhw wedi lladd yr hen
Parkinson. Wedi chwythu'i blydi ben e bant. Bastards.

*Mae Ellis ac Aneurin yn mynd allan i gyfeiriad y
ffrwydrad.*

Wyn Griffith (Hŷn) Ond ffycio pwy? Y gunner o'r golwg
ar ei awr ginio? Y gŵr a ganai o'r ochr draw? Na. Ffycio
pawb a ffycio popeth. Ffycio pob un oedd yn gyfrifol am
ddanfon Llundeiniwr tawel, canol-oed i farw mewn ffrae
rhwng dau hafaliad mathemategol.

Mae Ellis ac Aneurin yn ailymddangos, yn cario
stretcher rhyngddynt. Gorchuddir y corff gan flanced,
ac arni staen dwfn yn ymledu lle'r arferai'r pen fod.
    Wrth groesi'r llwyfan:

Ellis Pedwar o blant. Ro'dd pedwar 'dag e. Liz o'dd
enw'i wraig.

    Clywir sŵn saethu mortarau ffos o'r ffos Brydeinig.

'Na'r boi! Towlwch y blydi mortars atyn nhw. Whariwch
y ffycin diawl â nhw.

    Trwy'r agoriad mae'r mortarau'n ffrwydro yn ymyl y
    goedwig.
        Â Ellis ac Aneurin yn eu blaenau a gadael gyda'r
    stretcher.

Llais Almaenwr (*o gyfeiriad y goedwig*) Chi blydi Gymry,
llofruddion!

De Sitter Nid Almaenwyr yn erbyn Prydeinwyr yw'r
rhyfel hwn, na chwaith Ffrancwyr yn erbyn Almaenwyr,
ond cyrff yn erbyn disgyrchiant. Gwyddoniaeth yn erbyn
y cnawd. Cyfraith Naturiol yn erbyn Natur ei hun.
    Ond, wrth gwrs, fydd dynoliaeth yn elwa dim fan hyn.
Na, mae'n buddugoliaeth nesa ni ar fin dod i'r amlwg
wrth ddesg yng Nghaergrawnt. Y bore hwn, bydd Arthur
Eddington yn agor y pecyn a ddanfonais ato. Wrth i'r
heulwen daflu cysgodion ar hyd y Great Court yn Trinity,
caiff ddarllen am Ddamcaniaeth Perthnasedd Einstein, a
dechrau deall.

    Mae'r goleuadau'n diffodd ar De Sitter.
        Mae dwndwr tanio sieliau a ffrwydrad yn adeiladu
    uwchben yr areithiau sy'n dilyn, hyd nes bod y dynion
    yn bloeddio uwchlaw'r sŵn.

David Jones Dysgwn yn fuan eu seiniau bob un, a'r hyn
a wnawn wrth eu clywed.

Wyn Griffith (Hŷn) Chwalfa'r bwcedi glo, yn syrthio o'r tu ôl

David Jones Grwndi'r whiz-bang

Wyn Griffith (Hŷn) Cratsh y five-nine

David Jones Paffio'r seven-seven

Wyn Griffith (Hŷn) Hisian grenêd

David Jones Pesychu'r mortar

Wyn Griffith (Hŷn) Clatsh y canister

David Jones Yn llawn sgrap

Wyn Griffith (Hŷn) Hoelion, clociau, watsys

David Jones Clecian chwip y shrapnel

Wyn Griffith (Hŷn) Mwg y woolly bears

David Jones Cerddorfa'r haearn

Wyn Griffith (Hŷn) Y diafol wrth ei allweddellau

David Jones Tan i'r tanio droi'n ddrymio

Wyn Griffith (Hŷn) Y traw perffaith.

David Jones Ac atsain a dwndwr a rhwyg.
Heb air o gelwydd, gall cemegwyr trefnus hollti'r tir yn well na'r un Twrch Trwyth.

> *Mae'r taniad yn cyrraedd uchafbwynt. Ac yn gorffen yn sydyn. Distawrwydd. Mae pob corff yn y ffos yn gorwedd yn ddisymud, heblaw David Jones.*
> *Mae'n edrych i fyny ar awyr y nos.*

Gyda'r nos, ceisiwn gysgu. Mewn dugout, gydag unrhyw lwc, neu ar ris tanio. Gan amlaf, ar ein heistedd. Cwpwl o oriau, efallai, yn sŵn dim ond y llygod mawr. Sgrwt, sgrwt, sgrwt. A'r llygaid gloyw yn gwledda arnom; dyna'r

drefn. Gyda'r nos, yn gwledda ar ein drylliedig rai.
Ymddengys y sêr. Anadliad o dawelwch, tan stand-to.

*Mae'n lapio blanced amdano ac yn gorwedd er mwyn
cysgu.*

GOLYGFA PYMTHEG

*Mae Antoinette yn ymddangos wrth un o'r ffenestri.
Mae'n gwisgo chemise denau. Mae Milwr Ifanc yn
cyrraedd. Mae Antoinette yn estyn ei llaw.*

Antoinette Cinq francs.

Mae'r Milwr yn edrych yn ansicr.

Pum ffranc.

*Mae'n estyn yr arian iddi. Mae'n gwthio'i llaw tu fewn
i flaen ei drowsus ac yn gwasgu'n galed. Mae'n nodio
ei phen ato, cyn troi oddi wrtho a phwyso allan drwy'r
ffenestr. Mae'r Milwr yn dechrau dadwisgo y tu ôl iddi.*

'Stand-to'. Dyna eu gair nhw amdano. 'Excuse–moi
mamoiselle, mais non *stand-to*.' Y rhai ifainc, fwy na
heb. Deunaw, pedair ar bymtheg, fy oedran i. Neu'r rhai
meddw, sy'n dod i fyny ar ôl oriau o ganu eu caneuon
lawr llawr. Omlet ar eu hanadl, a dim byd yn eu trowsus.

*Mae'r Milwr yn dod ati o'r tu ôl, ac yn dechrau ei
ffycio.*

Ond wedi dod drwy'r drws, mae gofyn talu, dyna'r drefn
yn y tŷ hwn. 'Bachiad neu beidio.' Dyna pam mae
Madame Algarte yn dosbarthu'r tabledi hynny. 'I roi
nerth i chi,' meddai hi wrthyn nhw. Ond dydyn nhw
byth. Felly allan o'r drws ac i mewn â'r un nesa.
Oherwydd bod wastad 'yr un nesa'. Mae 'na Tommy ar
bob gris bob nos bron, yr holl ffordd i fyny at fy ewythr y
tu allan.

Mae'r Milwr yn gorffen. Mae Antoinette yn gosod
perlysiau mewn powlen ac yn arllwys dŵr cynnes o'r
tegell.

'Mae pres ymhob rhyw eisiau.' Dyna ddwedodd fy
ewythr, onid e? Pan aeth bwyd yn brin, fe'm danfonodd i
weithio fan hyn. Dwedodd y byddwn i'n forwyn fwrdd.
Ond wedi wythnos, dwedodd Madame Algarde y
byddai'n rhaid i mi weithio'r stafelloedd hefyd.

Mae'n cynnig y bowlen i'r Milwr ar uchder ei ganol ac
yn ei chadw yno tra ei fod ef, gyda'i gefn at y
gynulleidfa, yn rhoi dŵr drosto'i hun.

Pan ofynnais 'Pam?', cododd ei gwar a dweud 'C'est la
guerre.'

Mae'r Milwr yn cau ei drowsus ac yn gadael. Mae hi'n
taflu'r dŵr allan drwy'r ffenestr.

Antoinette 'C'est la guerre.' Pam 'la' guerre? Nid yw rhyfel
yn fenywaidd. Gwrywaidd yw rhyfel. Yn gynta, fe
ddinistriodd fy nghoedwig. Ac yn awr mae'n fy ninistrio i.

GOLYGFA UN AR BYMTHEG

Mae sibrydiad yn treiddio'r rhes o gysgwyr.

Milwyr Stand-to, stand-to, stand-to.

Mae Aneurin ar ddyletswydd gwylio, ond yn
pendwmpian. Mae Ellis yn rhoi pwt iddo â'i benelin
i'w ddeffro.

Ellis Popeth yn dawel, bartner? Cysgu, achan? Iesu,
byddan nhw droston ni fel y pla.

Fesul un, mae'r Milwyr yn ymysgwyd o'u cwsg, yn
codi eu reiffls er mwyn symud i'w safleoedd.
   Mae'r agoriad yng nghefn y llwyfan yn graddol
oleuo drwy'r 'stand-to'.

Mae Sarjant Snell yn mynd o ddyn i ddyn yn sibrwd
anogaeth cyn gorchymyn.

Snell Stand-to! Stand to Arms!

Mae'n cicio un o'r cyrff llonydd.

Amser codi o Gwm Plu, fy mechgyn bach i! Yn fore daw
yfory!

Mae'r dynion yn graddol ddod yn fwy effro.

David Jones Y bore hwnnw, allan o'r tywyllwch, gwelwn
y tir rhyngom ni a nhw.

Snell Mas â chi, mewn i'r ffos tanio 'na! Pasiwch y neges
mlaen. Stand-to.

David Jones Y mae'n brydferth. Cae glaswellt ac ysgall,
mwstard gwyllt a gwenith. Ac ar ben ei lethr, dan
obennydd o niwl, Coed Mametz. Ei choed, yn dywyll o
hyd, yn llawn adar yn canu.

Snell Sefwch ar y gris tanio! Byddwch yn wyliadwrus!

Wrth i'r Milwyr ddeffro ac ymgynnull o'i amgylch:

Snell Sights down – gwyliwch y wifren!

David Jones Daw dryslwyn o wifrau i'r golwg, fel ewyn
tywyll o flaen y tywod.

Snell Llygad barcud amdani, bois. Mae'n fore bwrw ati.

Mae agoriad cefn y llwyfan led y pen ar agor erbyn
hyn. O bryd i'w gilydd ond yn rheolaidd, cyfyd
cymylau bychain o fwg drwy'r agoriad.

David Jones Y tu hwnt i'r mur gloyw, cyfyd mwg glas
sy'n teneuo'n felyngoch yn erbyn y disglair-ddwyreiniol.

Snell Pennau a 'sgwyddau, bois! Anelwch uwchlaw'r
parapet. Pennau a 'sgwyddau.

David Jones Sglein tun wedi torri, yn dod i'r amlwg nawr. Eu capiau sowldiwr meddal wedi eu mwydo a'u mowldio i'w pennau, ac yn symud.

Pennau'n gwyro tuag at ei gilydd i lawr y llinell wrth i'r Milwyr sibrwd wrth ei gilydd.

Milwyr Stand down. Stand down. Post sentries.

Mae'r Milwyr yn dadffurfio, ac yn dechrau bwrw eu breichiau yn erbyn waliau'r ffos, a churo'u traed ar lawr a chicio'r bagiau tywod.
Mae'r agoriad yn cau'n araf.
Mae'r Milwyr, gan gynnwys David Jones, yn paratoi i fartsio allan o'r llinell.
Mae Aneurin yn gollwng ei reiffl.

Snell Oi, gofala'n dyner amdani! Hi yw dy anwylyd, paid anghofio hynny. Gofala amdani. Ti'n clywed?

Aneurin Iawn, sarge.

Snell Pan ddaw zero, hi fydd yr unig ffrind y byddi di'i angen, Lewis.

GOLYGFA DAU AR BYMTHEG

Clywir sŵn nifer o deipyddion. Mae'r Milwyr yn ymgynnull yn eu trefn martsio o amgylch Wyn Griffith (Hŷn), sy'n eu gwylio. Mae'r fersiwn iau ohono ar flaen y llwyfan yn brysur gyda phapurau, ffeiliau a mapiau.
Mae'r Milwyr yn dechrau martsio.

Wyn Griffith (Hŷn) Ar Orffennaf yr wythfed, wedi tridiau ac ar ôl colli saith deg o ddynion, rhyddhawyd y 1st London Welsh. Wedi trosglwyddo eu sector, treuliasant weddill y bore yn martsio 'nôl i adfyddin y brigâd ym Minden Post.

Snell Fall out!

Mae'r Milwyr yn llacio eu safleoedd, yn pwyso eu reiffls yn erbyn ei gilydd ac yn ymlacio ar y llawr.
   Mae David Jones yn eistedd ychydig ar wahân iddynt, ac yn ysgrifennu yn ei lyfr nodiadau.

Ellis Ah, yr hen Happy Valley. Diolch ffyc am 'na.

Aneurin Ti'n meddwl yr ewn ni bellach 'nôl na hyn?

Ellis Sa' i'n credu 'ny. Os eith hi'n dra'd moch, fe allan nhw'n hwpo ni 'nôl miwn yn glou o fan hyn, siŵr o fod.

Dai Ond ma' fe'n siawns i gael gwd pip cyn 'ny, on'd yw e? Pip ar y sioe.

Ellis Blydi perffeth. Wotsho rhyw pŵr bygyr arall yn ca'l y gansen. Sdim byd gwell.

Aneurin Heblaw peidio â'i chael hi o gwbwl.

   Mae Ellis yn diosg ei ddillad hyd at ei grys wrth iddo fwrw golwg dros weddill y gatrawd.

Ellis Blydi hel, mae e fel Hampstead Heath on holiday lan fan hyn.

   Mae Dai'n rhwbio'i draed.

Dai Ma'r blydi bŵts 'ma'n hanner 'yn ladd i.

Ellis Dylet ti 'di 'u dwgyd nhw o gorff mwy o faint 'de, on' dylet ti?

Aneurin Hwyrach ein bod ni wedi ei fethu o.

Dai Methu beth?

Aneurin Y cyrch. Ryden ni wedi cael ein hawr fawr ni yn y llinell. Hwyrach nad ni fydd nesa, felly.

Dai Ie, falle.

Wyn Griffith (Hŷn) Drannoeth, ar y nawfed, cyrhaeddodd gorchymyn newydd.

Mae'r Milwyr yn ailymgynnull i fartsio eto.

Rhaid cipio Coed Mametz. Roedd 2,000 o Gymry eisoes wedi ceisio ar y seithfed. Ddaeth yr un ohonyn nhw'n agos. O'r herwydd, roedd yn rhaid i ychwaneg geisio eto. Ac felly, martsiodd y London Welsh yn ôl i'r llinell.

Wrth iddynt fartsio:

David Jones Trwy'r pentre sy'n deilchion

Ellis Heibio'r fynwent sy'n rhacs

Aneurin I mewn i'r mwd yn ffos Fritz

Dai A stecs y bagie tywod yn Danzig

David Jones I aros

Ellis Ac aros

Aneurin Ac aros

Dai Am zero hour

David Jones Pan gipiwn y coed

Aneurin Y goedwig ddisgwylgar

Dai Yn llawn Germans, yn dishgwl i ni

Ellis Godi a rhodio, fel ffycin Lasarus.

David Jones Tuag at y coed a'u nythaid o machine guns.

Am rai eiliadau, mae'r Milwyr yn aros, yn gwbl ddistaw.

Wyn Griffith (Hŷn) Ond ni ddaeth zero hour. Roedd penaethiaid yr adran yn cael eu newid. Yn gosb am fethiant yr ymosodiad ar y seithfed. Felly, wedi dwy awr o aros, fe fartsiodd y London Welsh allan eto.

Mae'r Milwyr yn cychwyn martsio unwaith eto.

Dai Hibo i stecs bagie tywod Danzig

Aneurin Allan o'r mwd yn ffos Fritz

Ellis Heibio i'r fynwent racs

David Jones Trwy'r pentre sy'n deilchion

Dai A 'nôl i Happy Valley

Aneurin Happy, happy valley!

Ellis 'Di blino, 'di ymlâdd

David Jones Yn lluddedig, yn droedfriw

Dai I wotsio a gwrando

Aneurin Ar y rhyfel eto.

Snell Fall out!

> *Unwaith eto, mae'r Milwyr yn gollwng eu paciau a'u reiffls.*
> *Maent wedi ymlâdd, yn llesg gan ddwy awr o aros i fynd dros y top.*
> *Mae Ellis ac Aneurin, fel sawl un o'r Milwyr eraill, yn tynnu papur a phensil allan er mwyn ysgrifennu.*
> *Clywir cychwyn dwndwr taniad Prydeinig arall unwaith eto.*
> *Mae David Jones yn estyn am ei lyfr nodiadau ac yn siarad ag ef ei hun wrth gyfansoddi.*

David Jones Mae'r llethr arall yng ngolau'r haul . . . ond mwy claear yw'r bryn hwn sy'n wynebu'r dwyrain . . . Damweiniau goleuni yn y llonydd estynedig . . . Ei ffrwydradau shrapnel, ymhell bell draw, â'u hymylon goffredig yn ymestyn mewn aur gloyw.

> *Daw Dai i eistedd nesaf ato. Mae'n yfed potel ddŵr hyd at ei gwaelod.*

Dai Grist o'r north, ma' syched arna'i.

David Jones Yr ofn.

Dai Beth?

David Jones Yr ofn. Dyna sy'n magu'r syched.

Dai O. Iawn.

Mae'n nodio tuag at ei lyfr nodiadau.

Ddim ti hefyd.

David Jones Nid y fi hefyd beth?

Dai Hala llythyr tsha thre. Ma' pawb wrthi. Diawch, a'th y quartermaster â chrugyn o bost ddo', fel ma' hi. Sawl gwaith sy' ishe i ddyn ddweud 'Helô, fy nghariad, shwt wyt ti?'

Mae sŵn y taniad yn cynyddu.

David Jones Efallai nad dweud helô y maen nhw.

Mae Dai yn ystyried am ennyd, yna'n codi.

Dai Iawn. Ie, digon teg.

Wrth iddo adael, mae yntau'n tynnu papur a phensil allan cyn iddo ef hefyd eistedd a dechrau ysgrifennu.
    Ar ris tanio'r ffos mae Wyn Griffith (Ifanc) a Taylor yn pori dros fapiau a phapurau.

Taylor Yn gyfan gwbl o'r tu blaen? Dim byd o'r ystlys?

Wyn Griffith (Ifanc) Yn union. 13th and 14th Welsh am 04.12. Wedyn pedwar bataliwn y Ffiwsiliyrs o fan hyn, White Trench, am 04.30. Ar gerdded, gan ymosod i'r gorllewin o'r rhodfa ganol.

Taylor Gynnau mawrion?

Wyn Griffith (Ifanc) Taniad symudol i gefnogi'r cyrch, yn codi hanner can llath fesul munud.

Taylor Sy'n rhoi faint iddyn nhw? Rhyw ddwy awr i gyrraedd y nod cynta?

Wyn Griffith (Ifanc) Tua hynny. Ond bydd ail daniad hefyd. Yn gostegu yn union cyn yr ymosodiad, i dynnu'r

Boche i'w safleoedd tanio. Fe saethwn ni sieliau'n syth at ei ffos flaen o eto. Eu dal nhw yn y tir agored. A ddaeth rhywbeth o'ch pen chi?

Taylor Am a wyddom ni, y Lehr sydd gyferbyn â ni o hyd, y Prussian 3 Guards. Gyda'r 16th Bavarian a'r 122nd Württemberg wrth gefn.

Mae'n siglo'i ben wrth edrych ar y map.

Dwi'n dal i fethu deall y peth. Os nad oes symudiad o'r ystlys, sut maen nhw'n gobeithio cipio'r goedwig?

Wyn Griffith (Ifanc) Niferoedd. Byddwn ni'n dri i un.

Taylor Fan hyn, o bosib? Ond erbyn iddyn nhw gyrraedd y coed?

Mae Wyn Griffith (Ifanc) yn twrio i'w ysgrepan. Mae'n tynnu'r anrheg i Watcyn allan, a honno wedi ei lapio mewn rhuban coch.

Wyn Griffith (Ifanc) Os digwydd i chi weld fy mrawd, wnewch chi roi hon iddo fo? Go brin y bydd ein llwybrau'n croesi rŵan. Nid cyn . . .

Taylor Wrth gwrs. Mi wna' i'n siŵr o'r peth.

Wyn Griffith (Ifanc) Diolch, Taylor.

Maent yn ysgwyd llaw.

Pob lwc.

Mae Taylor yn gadael. Aiff Wyn Griffith (Ifanc) yn ôl i astudio'r mapiau.

GOLYGFA DEUNAW

Mae Ellis, Dai ac Aneurin yn ysgrifennu wrth iddynt lefaru. Mae Edith, Helen a Siriol yn ymddangos mewn bylchau ar wahân yn yr agoriad neu yn y ffenestri. Mae gwawr felen ar groen gwelw Siriol.

Dai Mam, dwi 'mond yn sgrifennu atoch chi rhag ofan bod damweinie'n digwydd. Chi siŵr o fod yn meddwl 'mod i'n dw-lal yn hala hwn, ond ma' diwrnode bishi o'n blaene ni, a lot o waith caled.

Edith Annwyl David, A dderbyniest ti'r parsel dwetha hales i? Gobitho da'th e'n glou achos ro'dd tishen a cabej fresh ynddo fe. Buodd Mrs Bowen yn Llunden wthnos dwetha ac fe welodd hi'r Royal Mail Depot yn Regent's Park. Maen nhw'n dweud taw hwnna yw'r adeilad pren mwya yn y byd. Wedodd Mrs Bowen fod e'n dishgwl yn fishi ac effisient iawn, felly gobitho halon nhw 'mharsel i'n glou.

Helen To the head commander, 15th Royal Welsh Fusiliers. Annwyl Syr, Rwy'n wraig i un o'ch milwyr chi, Preifat Ellis Jones, ac mae gen i request yn y gobaith y byddwch yn cytuno. Gwn fod fy ngŵr wedi cael leave yn gynharach eleni, ond rwy'n awyddus iawn i'w weld ef eto. Dim ond unwaith y mae ef wedi gweld ei ferch fach, a chredaf y dylai gael gweld y baban eto'n fuan. Ac fel gwraig, mae angen i mi weld fy ngŵr hefyd.

Dai Felly, jyst rhag ofan, ro'n i ishe i chi wbod 'mod i'n iawn fan hyn, beth bynnag sy'n digwydd. Dyw e ddim mor frwnt â hynny wedi'r cwbwl, ac ma' dynon da yn gefen i fi. Ma'r offisyr*s* yn garedig wrthon ni, a bob tro ry'n ni bant o'r lein, dwi'n ca'l molchi yn amal.

Siriol Annwyl Nei, fy nghariad. Ddoe mi dderbyniais dy ffotograff. Mi euthum ag o efo fi i'r pier, a syllu arno am oriau. O na fuasai wedi bod yn ti go iawn, ac nid yn llun ohonot. Gwn i mi ddeud fy mod i'n ddiolchgar i'r rhyfel am dy ddwyn di ataf. Ond mae'n flin gen i rŵan. Rwyf am dy gael di yn ôl, ac yn fy ngwely eto fel ar y noson honno cyn i ti ymadael.

Aneurin Annwyl Siriol, Gobeithiaf uwch pob dim yn fy nghalon na ddarlleni di fyth y llythyr hwn. Pe rhaid i ti ei ddarllen, serch hynny, boed i ti wybod i ti fy ngwneud i'n fwy bodlon fy myd nag y bûm i erioed. Gwn mai prin oedd ein hamser, ond bu pob eiliad fel diwrnod a phob diwrnod yn flwyddyn. Dros yr wythnosau diwethaf, gweddïais yn gyson am glwyf. Ni waeth pa mor enbyd, cyhyd â'i fod yn fy nanfon i'n ôl atat ti. Glynwn wrth y gobaith mai dyna a ddigwydd, ac wedi i mi wella, y cawn wedyn briodi, a dod o hyd i'r bwthyn hwnnw ar y bryn. Os na fyddaf mor ffodus â chael fy nghlwyfo, ac os na ddychwelaf, rwyf am i ti addo un peth i mi.

Edith Mae Edna gro's yr hewl newydd hala armoured vest at ei mab hi, a wedodd hi y dylen i wneud yr un peth. Dwi wedi gofyn iddi ble gallen i brynu un. Wyt ti'n cadw'n ddigon cynnes? Ro'dd gŵr Mary gartre ar leave wthnos dwetha, a medde fe ei bod hi'n ddigon cynnes yn Ffrainc ar hyn o bryd, ond bod mwy na digon o law.

Dai Wetsoch chi pan adewes i na allen i dsieto angau yr ail waith. Wel, Mam, ma' rhwbeth ma'n rhaid i fi weud wrthoch chi. Do'n i ddim yn y pwll. Pan ddigwyddodd y ffrwydrad. Do'n i ddim gyda 'Nhad, fel wedes i 'mod i. Enilles i ar y ceffyle, chi'n gweld. Es i â'r winnings i'r Feathers. Drannoth fe gysges i mewn ca' i ga'l gwared ar y cwrw. Wedodd 'Nhad bydde fe'n cwato'n absenoldeb i o'r pwll. Dwi'n sori 'mod i wedi gweud celwydd wrthoch chi, Mam. Ond y'ch chi'n gwbod nawr. Dwi ddim wedi tsieto angau 'to. Felly, falle y galla'i neud 'ny un waith. Os na lwydda'i, plis cofiwch eich bod chi wedi bod yn fam dda i ni i gyd, a dwi'n sori na arhoses i. Os ca'i ddamwen, byddwch chi'n ca'l fy paybook i. Cofiwch ein bod ni'n neud gwaith da fan hyn, a treiwch pido bod yn drist. Eich mab cariadus, Dai.

Helen Rwy'n gwybod bod gennych lawer o ddynion o dan eich awdurdod, ond, os gwelwch yn dda, er mwyn fy merch fach, rwy'n gobeithio y gallwch chi gytuno i'm request. Yours sincerely, Helen Jones.

Mae'n dechrau agor amlen â stêm.

Aneurin Os na ddof drwyddi, rwy'n erfyn arnat i briodi dyn da, a dyn da'n unig. Un a wnaiff dy garu fel yr haeddi di gael dy garu. Meddwl amdanaf, cofia fi, ond na foed i'r cof amdanaf fod yn boen i ti. Fe'th glywaf di'n dweud fy mod i'n wirion, ond rwy'n addo i ti, Siriol fy nghariad, fy mod i'n gallach yn awr nag erioed o'r blaen, hyd yn oed os yw'r byd o'm cwmpas yn wallgof. Rwy'n methu peidio â meddwl am dy groen. Dy fronnau. Mor feddal ac mor gynnes, a phob dim fan hyn yn oer ac yn arw. Rwy'n dy garu di, Siriol fach. Nad anghofia hynny fyth, ond, os gweli di'n dda, bydd lawen. Er fy mwyn i. Gyda'm holl gariad, Aneurin.

Mae Helen yn darllen y llythyr wrth i Ellis lefaru.

Ellis Annwyl Megan, Os wyt ti'n darllen y llythyr hwn, bydda' i'n ddieithryn i ti. Ac mae'n flin 'da fi am hynny. Pan weles i ti'r tro cynta, ym mreichie dy fam, ac wedyn, pan gwtshes i ti, ro'n i wedi gobitho treulio blynyddodd lawer yn dy gwmni. Dy wotsio di'n tyfu'n fenyw. Wel, fydd hwnna ddim yn bosib nawr. Ond dwi ishe i ti gofio, hyd yn oed os ydw i'n ddierth i ti, a heb ddod 'nôl gytre, fy merch *i* fyddi di am byth, a dy dad di fydda' i am byth.

Bydd yn dda wrth dy fam. Parcha hi a helpa hi pan fydd hi yn ei phoen. Treia sefyll ar dy dra'd dy hun, ond treia bod yn dda hefyd. Dyw e ddim wastad yn hawdd, ond dyw hynny ddim yn rheswm i beidio treial. Licsen i fod wedi ca'l treulio mwy o amser yn dy gwmni. Bydde'n dda 'da fi fod wedi gweld dy wyneb a thithe'n fenyw, ac i glywed dy lais. A bydde'n dda 'da fi 'set ti'n cofio fy un i. Hwyl fawr, ferch fach, ac o! am gael cwrdd eto mewn bywyd arall, os nad yn hwn. Dy dat cariadus, yn dragywydd.

Mae sŵn y taniad yn cynyddu. Mae'r Milwyr yn gorwedd i orffwys. Mae'r menywod yn diflannu o'r golwg. Wrth i David Jones sefyll, mae'r taniad yn tawelu i ddwndwr yn unig.

GOLYGFA PEDWAR AR BYMTHEG

David Jones A hithau'n ganol nos, daw Capten Elias â gorchmynion unwaith eto.

Snell Fall in! Battle order!

Mae'r Milwyr yn ymgynnull, ac yn rhoi trefn ar eu heiddo. Mae rhai yn rhuthro-bwyta yr olaf o'u dognau.

Ellis Pa fastard sy' 'di dwgyd 'yn tool-carrier i?

Dai Shit, nag o's lle 'da fi ar gyfer 'yn blydi rations i.

Aneurin Bwyta nhw. Gwell yn dy fol na'u gadael ar ôl.

Mae Dai yn stwffio bwyd i'w geg wrth iddo bacio.
   Mae David Jones yn ceisio dod o hyd i le i dun o sardîns a dau grenâd yn ei bocedi.

Snell Company formation! Platoons at fifteen yards! Quick march!

Mae'r Milwyr yn ymffurfio'n golofn ac yn martsio. Wrth iddynt wneud, mae sŵn y taniad yn graddol gynyddu, ac yn parhau i gynyddu ar hyd yr olygfa.
   Wedi iddynt sefyll yn eu hunfan o flaen y gynulleidfa, mae Sarjant Snell yn eu gorchymyn 'About face', ac maent yn troi tuag at wal gefn y ffos.
   O hyn allan, mae'r holl orchmynion yn cael eu cyfeirio at y gynulleidfa yn ogystal â'r cast. Dyma fodd i hebrwng y gynulleidfa o'u seddau ac ymlaen i'r gofod llwyfannu hyd nes eu bod yn sefyll mewn tair rhes ac

*yn wynebu'r wal gefn. Mae'r milwyr yn sefyll o'u
blaenau ar ris tanio yn union o flaen llenni duon cefn
y llwyfan, gyda'u reiffls yn y safle a elwir 'high-port'.
Yn araf iawn, mae'r llenni duon yn agor i ddatgelu'r
agoriad.*

Snell Four lines, in company order! Dim closio nawr!
Cadwch y bylchau'n gyfartal, bois! Dyna chi. Ar eich
traed! Ar eich traed! A Company y don gynta, B
Company i gefnogi, C a D wrth gefn.

*Mae sŵn y taniad Prydeinig a ffrwydro'r sieliau
Almaenig yn cynyddu.*

Fix bayonets!

*Mae Dai yn dechrau ei cholli hi. Mae ei ebychiadau'n
dawel i gychwyn, ond yn cynyddu yn eu sain yn
gyflym.*

Dai Mam! Mam! Na, nag 'yf fi mo'yn. Mam! Mam!

*Mae Aneurin y naill ochr iddo ac Ellis y llall. Mae'r
Milwyr eraill yn edrych yn anniddig wrth glywed ei
gŵyn.
Mae Aneurin yn cydio ynddo'n gadarn.*

Aneurin Dai! Callia, wnei di. Iesu Grist, nid dyma'r
amser i udo. Dai!

Ellis For fuck's sake, Dai, ca' dy ben! Ti mo'yn un o'r
rhein i dy sgiwera di? Achos fe wnân nhw, ti 'mo. Wnewn
nhw dy ffycin ladd di os na wnei di fod yn dawel.

Aneurin Rym! Pasiwch y rym lawr!

*Daw potel o rym i lawr y llinell. Mae Dai yn
drachtio'n drwm ohoni, felly hefyd Aneurin ac wedyn
Ellis.
Mae David Jones yn troi eto. Mae gofyn iddo
lefaru'n uwch ac yn uwch dros sŵn y gynnau a'r*

sieliau. Wrth iddo wneud hyn, mae'n ymgolli'n llwyr yn yr ymosodiad sydd ar ddigwydd.

David Jones A thyrchfa hir oedd man eu disgwyl, cloddiad yn y sialc – ond rhy fas o lawer yn wyneb ei drais ef.

Snell Seven minutes!

David Jones A saith deg o weithiau saith gwaith y funud, drymio'r diaffram. Dyrnu dwfn pob perfedd, curiad cudd diddiwedd. A oes unrhyw un i'w atal, a all unrhyw un – rhywun gau'r tap hwn cyn iddo hollti'n llwyr.

Snell Four minutes!

Mae Aneurin yn sâl fel ci.

All companies forward! Forward to the parapet!

Mae tanio machine gun yn chwythu cwthwm o faw drwy'r agoriad.

David Jones Ac mae'r byd yn troi'n friwsion. Nid oes gennych le i'r braw ychwanegol. Mae pob coes a braich yn blwm, pob reiffl yn brin o gydbwysedd, yn drwsgl gan ddur mor drwm – yn drysu'r annel hefyd.

Snell Zero minus two minutes!

Mae siel drom yn glanio'n nes fyth.

One minute!

Mae'r Milwyr, fel un, yn cocio'u reiffls. Mae'r taniad a'r sieliau'n stopio'n sydyn. Oddi ar y llwyfan clywir sŵn gwan lleisiau Cymreig yn canu 'Iesu, cyfaill f'enaid i' ar y dôn 'Aberystwyth'.

David Jones Ond mae hynny ar y dde gyda'r Taffis go iawn.

Mae Milwyr y 15th bob ochr iddo yn dechrau hymian eu tôn eu hunain, ac wedyn, yn dawel iawn, yn canu tôn sy'n ymdebygu i emyn-dôn. Mae'r sain yn cynyddu yn ystod araith David Jones, a chlywir taw aildrefniant o gân Queen 'Who Wants to Live Forever' ydyw.

Ni yw'r gwŷr a godwyd ar garlam o Islington a Hackney ac o gyrion Walworth, flashers o Surbiton, gwŷr o gyff Abraham o Bromley-by-Bow, yr Eingl-Gymreig o'r Fferi Isaf, gweision bach y rosari o Ddoc Penfro, dadlwythwyr llongau a'u hanwylyd Norwyaidd o risiau Greenland a dau gariad o Ebury Bridge, Bates a Coldpepper, y rhai y mae'r dynion yn eu galw y ddwy bais wen.

Fowler o Harrow and the House a gollodd ei ffordd yr holl ffordd i'r dyrfa hon. Yr hen Dynamite Dawes a'i fatmon, Diamond Phelps, y cyntaf o Santiago del Estero a'r ail o Bulawayo, y ddau'n dra hyddysg mewn balisteg ac wedi eu gwastraffu ar fob y llinell.

Mae'r Milwyr yn cyrraedd uchafbwynt ar ddiwedd ei araith.

Distawrwydd.

Mae Sarjant Snell yn codi chwiban i'w wefus ac yn chwythu. Clywir mwy o chwibanau oddi ar y llwyfan ar y ddwy ochr. Mae'r Milwyr yn dringo dros wal y ffos a thrwy'r agoriad.

Tynnir adran o wal y ffos oddi yno a gorchmynnir y gynulleidfa i ddilyn y milwyr dros y top ac i mewn i'r cae.

Snell Cerdded, nid rhedeg. Daliwch y llinell. Dim closio ynghyd ar y dde. Daliwch y llinell. Daliwch y llinell.

Act Dau

*Mae'r gynulleidfa, ar orchymyn Sarjant Snell, yn ffurfio
llinell gyferbyn â'r goedwig, wedyn yn dilyn y milwyr ar
draws tir neb tuag ati.*

   *Clywir synau tanio drylliau, gynnau mawrion,
sgrechfeydd.*

   *Daw grŵp o Fenywod yn cario placardiau i'r golwg
allan o'r goedwig, gan gerdded tuag at y gynulleidfa, ac
yna drwyddi. Cydlefarant 'Llythyr Mam Fach'.*

Menywod I olygydd *The Morning Post*. Ateb mam i'r
'Milwr Cyffredin'. Neges i'r galarwyr. Neges i'r ffosydd.
Neges i'r heddychwyr. Annwyl Syr – fel mam i unig
blentyn – mab a oedd yn gynnar ac eiddgar ei ateb i
alwad dyletswydd – a ganiatewch i mi ateb Tommy Atkins?
   I'r dyn hwn sy'n ei alw ei hun, yn druenus, yn 'filwr
cyffredin', a gaf i ddweud nad ydym ni'r menywod sy'n
mynnu cael ein clywed, am oddef y fath gri â 'Heddwch!
Heddwch!' lle nad oes heddwch. Caiff ŷd y wlad a
ddyfrhawyd gan waed ein bechgyn dewr dystio i'r
dyfodol nad yn ofer y tywalltwyd y gwaed hwnnw.
   Ni chaiff gwaed y meirwon a'r rhai sydd ar farw,
gwaed y 'milwr cyffredin', erfyn arnom yn ofer.
Gwnaethant hwy eu rhan, ac fe wnawn ninnau'r
menywod ein rhan ni heb na murmur na chŵyn.
Anfonwch yr heddychwyr atom ni a chânt weld yn fuan
nad oes yn ein cartrefi ni ryw 'eistedd yn ôl yn gynnes a
chlyd yn y gaeaf, ac yn glaear braf a chysurus yn yr haf'.
Dim ond un tymheredd sy'n deilwng o fenywod yr hil
Brydeinig, sef gwres gwynias.
   Y ni'r menywod a basiwn ymlaen arfogaeth ddynol ein
'hunig feibion' i lenwi'r bylchau, a phan gaiff 'y milwr

cyffredin' gip yn ôl cyn mynd dros y top, caiff weld
menywod yr hil Brydeinig wrth ei sodlau, yn
ddibynadwy, yn ddibynnol, yn ddirwgnach.

Ni chwenychem ni, ni'r rhyw deg, dyner a dihyder,
ryfel. Ond canodd y biwgl, a rhoesom ein raced tenis o'r
neilltu, codi ein llanc o'r ysgol, rhoi heibio ei gap a
darllen yn gariadus ei adroddiad olaf. Lapio y cwbwl
mewn baner Jac yr Undeb a'u cloi i ffwrdd, i'w hestyn
eto pan fydd y rhyfel ar ben.

Yn ôl trefn y Creu, eiddo menywod yw'r rhodd o
fywyd, tra daw dynion â bywyd i ben. Ac mae i'r rhodd
honno ddau ystyr erbyn hyn.

*Wrth i'r gynulleidfa oedi ger mynedfa'r goedwig, mae'r
Menywod y tu ôl iddynt yn canu 'Suo Gân'.*

Snell Cipiwch y goedwig! Cipiwch y goedwig!

*Aiff y gynulleidfa rhagddi i mewn i'r goedwig, gan
basio heibio i'r vignettes canlynol ar waith yng
nghanol y coed:*
*Mae dau chwaraewr rygbi yng nghit Cymru dro ar
ôl tro yn rhedeg, disgyn, codi, rhedeg a disgyn eto.*
*Mae milwr ifanc iawn yn gwthio bidog i berfedd
gelyn dychmygol yn union yn ôl dull y maes ymarfer,
gan sgrechain wrth wneud.*
Mae mam yn golchi ei mab ymadawedig.
Mae pâr o gariadon yn caru am y tro cyntaf.
*Mae milwr Cymreig a milwr Almaenig, y ddau wedi
bidogi ei gilydd, yn troi'n araf, wedi eu huno gan eu trais.*
Saif milwr mewn pant a lenwir gan waed.
*Mae grŵp arall o filwyr yn cyrcydu yn eu harswyd o
dan storm o sieliau.*
*Mae milwr Prydeinig a milwr Almaenig, mewn
pentydd naill ochr i'r llwybr, yn canu caneuon Saesneg
ac Almaeneg, y naill yn ceisio boddi'r llall.*
*Mae un o'r meirwon Almaenig yn adrodd 'A Dead
Boche' gan Robert Graves. (Cyfieithiad ar dudalen 185.)*

Gerllaw, ac o amgylch y gynulleidfa, rhed Watcyn.
Wrth i'r gynulleidfa gyrraedd llannerch a ffinnir gan
foncyffion:

Llais Cynhyrchydd BBC (*troslais*) Yn eich pwysau, Mr
Jones. Yn eich pwysau.

David Jones (*troslais*) Safai pob un o'r rhain, yn unigol,
yn dalsyth, ar wyneb daear, gan grychu'u llygaid tua'r
golau bras a godai'n gegsych o'r sialc, a fywiocawyd heb
un cynnwrf o'r ceunant, ac i eiriau mor groyw eu hyngan,
mudasant mewn trefn agored, gan gadw yn eu trefn a
chynnal safle'r high-port.
   Cerdded yn y bore ar do gwastad y byd, y croen yn
tynhau a braw wedi cychwyn i'w cwrdd hanner ffordd –
   Ond mae angau'r chwaer annwyl mewn hwyliau
rhemp heddiw ac yn stelcian y tir uchel â'i hyder hwren,
heb gelu'n fursennaidd ei chwant, ond yn cilwenu arnat ti
a mi gan ddatguddio pob un dim.
   Fesul un, bylchir y llinell, yn ôl ei ffansi – ni waeth mor
groch yr udant am eu gwyryfdod, caiff afael arnynt.
   Ond mor annioddedfol o lachar yw'r bore i'r rhai byw,
lle'r rhodiwn o hyd, lle codwn, wedi'n cludo ymlaen gan
air effeithiol.
   Does un enaid byw gerllaw, ond fe gerddwn ar gyrion
ei dir; dacw'r hen Dawes yr un ag erioed, a dacw Lasarus
Cohen, megis ar ddiwrnod maes, ei erfyn cloddio'n
hongian yn isel, yn procio'i ben-ôl tew.
   Fe syrthi – yr haul wedi diffodd. Mae sawl aer dieithr
yn curo dy gorff a'r baw'n bwrw glaw tua'r nefoedd, a'r
pyrth tragwyddol yn agor i'r 'o2 Weavel.
   Ni weli di'r un dim ond sglein gronynnau ar grwydr.
Symudi di ymlaen yn dy gwmwl llachar preifat fel un a
ddyrchafwyd ac a gariwyd fry gan ewyllys allanol.
   Mae'r llethrau graddol yn las i'th atgoffa o diroedd de
Lloegr, eto'n fwy eang a gwastad, wedi eu rhigoli a'u
llyfnu'n wyn a chris croes, gyda'r isbridd a darfwyd
arno'n bentyrrau gwelw.

Ar draws y bwrdd tonnog o wyrddni llachar, sgwarog, gweli i'r chwith ac i'r dde swp o werinwyr bychain di-liw'n ymdrechu fesul un i symud mewn llinell frau, a phe edrychet i'r tu ôl – deuai'r don nesaf yn araf, un ewyn ar ôl y llall yn chwalu ar y lan wastad; ac o'th flaen, yn ymestyn yn hir a wysg yr ochr, ac yn cilio'n ddwfn, y goedwig dywyll.

Rhwng y cilbyst cul ar yr ymyl, deri dryslyd yma ac acw, a bonion sgleiniog ffawydd a flingwyd, a'r fedwen fregus, y frenhines arian flêr a diaddurn, egin Mehefin wedi'u tocio a choesau ir yn gwaedu – yno y saif ffos Jerry.

A staplau corcsgriw'r weiren faglu i drapio'r drysi, ystof haearn ac anwe miaren ac erwain a ffedog y forwyn arno yn guddliw teg.

Mae Mr Jenkins yn hanner troi ei ben tuag atynt gan wneud yr arwydd arferol.

Mae'n mynd ar ei gliniau, un goes ar y tro, rhan ucha'i gorff yn siglo 'nôl ac ymlaen fel pendil, a'r cloc yn arafu.

Fe fagli ar dentacl o dir. Fe chwili am fan a wnaed yn union. Fe feïi'r gynnau mawrion. Fe sefi hyd at dy ganol. Fe sefi'n dalsyth. Fe estynni ddwylo i blycio weiren Jerry fel petai'n fasgl o fieri.

Mae pump o number 1.

Chwech o number 2.

Dau o number 3.

Pedwar o number 4.

A lance-jack.

A corporal.

Pedwar ar bymtheg yn ymfyddino, rhwng y coed criafol a'r cyll, ymlaen i'r cysgodion dyfnach.

Dihanga'r llwynogod, i'w gwalau a ŵyr ysgytwad. Cwyna'r adar ar adain – canys disgyn eu nythod fel sêr ac aiff eu byd o aer o'i go, a sigla'r coetir i gyd lle torrant gyrn.

Drwyddi draw, ei machine guns ef yn Acid Copse sydd wrthi, a'n trymion ni yn saethu yn ôl cyfeirnod map, pob lein wedi'i thorri a heb un cyswllt call.

Gan drywanu'r parc hwn o bob tu namyn un, o'u cloddfannau a'u cuddfannau, anelant eu genau tywyll ar gylchdaith danllyd a rhedeg â'u fflamau'n gwanu'n ôl ac ymlaen a chael trawstoriad trallodus ar belfisau caci sy'n fflur i gyd. Ac yno'n siffrwd, breichiau neu goesau'n gwthio o blith sbrigau clyd y rhosyn gwyllt sy'n blodeuo'n hwyr y tu hwnt i'r haul. Saethu fel lludw'r deildy, y tarfwyd arno gan y dygnu arni, cyrff yn y cyhudd, lle rhodia glasoed yn y goedwig sgrech.

Mae'r gynulleidfa'n eistedd. Yn yr aer mae oglau pridd a phren sydd newydd gael ei dorri.

Mae'r Milwyr a'r Menywod yn camu i'r llannerch ac yn disgyn wyneb i waered i'r llawr.

Act Tri

GOLYGFA UN

Daw Wyn Griffith (Hŷn) i'r llannerch. Mae'n cario bag siopa yn llawn bwydydd.

Mae'n edrych allan o'r llannerch, fel petai'n dilyn hynt rhywun sy'n cerdded tuag ato o'r pellter.

Wyn Griffith (Hŷn) Derbyniais y neges ryw funud neu ddwy cyn saith o'r gloch y bore. Roedd y Brigade Major wedi ei anafu. Ro'n i i fod i fynd ar unwaith i gynorthwyo'r General yn y goedwig.

Es i heibio i ddau daniad ar fy ffordd i Mametz. Sieliau'r Almaenwyr oedd y cynta, yn targedu mynedfa'r goedwig. Ond doedd y rhain megis dim o'u cymharu â'r ail.

Roedd gwŷr fy hen fataliwn yn gorwedd yn gelain ac yn ddarnau ymhobman. Teimlwn fel petawn wedi ffoi. Es i mewn i'r goedwig.

Mae Wyn Griffith (Ifanc) yn cychwyn ar ei ffordd drwy'r goedwig tuag at y llannerch.

Roedd blynyddoedd o esgeulustod wedi troi'r prysgwydd yn wahanfur dyrys, dros filltir o ddyfnder. Roedd y sieliau wedi taflu'r coed a'r canghennau yn faricedau. Gwasgarwyd offer i bob cyfeiriad, ac roedd mwy o gyrff nag o ddynion.

Oeda Wyn Griffith (Ifanc) fymryn y tu allan i'r llannerch. Edrycha i fyny.

Ond roedd golygfeydd gwaeth na'r cyrff. Breichiau. Torsos a lurguniwyd. Pennau ar wahân yma ac acw. Cymaint o goch yn erbyn y gwyrdd. Daliai un goeden, fel petai'n hysbysebu'r croeshoelio ieuenctid hwn, goes

164

doredig, a'r croen a rwygwyd yn hongian dros sbrigyn o ddeilen.

Syllais ar y goeden honno, yn chwifio'r aelod dynol, gan wybod y byddai neges ar ei ffordd cyn hir i ryw bentre tawel yng Nghymru, neu i ryw ffermdy llwyd ar fryn uwchlaw Bae Ceredigion, neu i fwthyn glöwr yn un o gymoedd y De. Roedd y ffaith fod yr haul yn gwenu ar y creulondeb gwallgof hwn ac ar dangnefedd tawel rhyw lyn mynydd yng ngŵydd yr Wyddfa, a hynny ar yr hyn a elwir yr union un amser, yn bwrw amheuaeth dros bob ystyr ymhob gair.

Ystumiwyd angau gennym, o fod yn destun tristwch i fod yn sgrech o arswyd. Ni fodlonai ar ddwyn bywyd o'i blisgyn; rhaid oedd iddo sathru â ffyrnigrwydd lloerig ar y gragen wag honno a alwn yn gelain.

Daw Wyn Griffith (Ifanc) i'r llannerch, felly hefyd Taylor a'r Cadfridog Evans.

Gwylia Wyn Griffith (Hŷn) y fersiwn iau ohono ef ei hun yn bwrw golwg dros yr olygfa.

Cerddais ymlaen wedi colli pob synnwyr o bell neu agos, i fyny neu i lawr, boed mewn amser neu mewn gofod. Roedd y gorffennol a'r dyfodol yr un mor bell ac yr un mor anghyraeddadwy â'i gilydd.

Yn fuan deuthum i fan lle'r oedd y sieliau wedi sathru'r coed yn llwyr. Cylch anwastad, y pridd yn goch ac ir a'r coed chwilfriw yn disgleirio yn eu gwynder llaith.

Wedi'r holl flynyddoedd, mae'r cylch crwn hwnnw o uffern llaw dyn yn dal i dorri ar draws fy ngolwg, gan fychanu hyd at ddiddymdra y gwrthrychau hynny a alwn yn real.

Mae Wyn Griffith (Ifanc) yn gweld Taylor a'r Cadfridog Evans yn pori dros fap ac yn mynd atynt.

Wyn Griffith (Ifanc) Taylor.

Taylor Ah, Griffith. Dest ti drwyddi.

Wyn Griffith (Ifanc) Sut mae'r Major?

Taylor Shrapnel. Ei goes glec.

Wyn Griffith (Ifanc) Ai hwn yw'r pencadlys?

Cadfridog Evans Mae'n rhaid i ni fod yn rhywle. Ac yma byddwn ni gyda'r nos hefyd. Cymer adroddiad.

Mae Wyn Griffith (Ifanc) yn tynnu llyfr nodiadau a phensil allan.

Ein gwaith ni yw diogelu'r llinell yn erbyn gwrthymosodiadau. Mae braidd yn gam dri chan llath o ddiwedd y goedwig, yn plygu 'nôl tuag at y gorllewin.

Taylor Mae'n blydi llanast, braidd, i fod yn onest. Does neb yn gwybod ymhle mae pawb arall. Mae pob brigâd arall, yr hyn sy'n weddill ohonyn nhw, yma o hyd.

Cadfridog Evans Mae'r unedau drwy'r trwch. Ond maen nhw'n ceisio dod i drefn nawr, yn sefyll yn gadarn lle bo hynny'n bosib.

Wyn Griffith (Ifanc) A ydyn ni i fod i glirio'r goedwig?

Cadfridog Evans Na. Ein gorchmynion ni yw cymryd gofal y llinell, dyna'r cwbwl. Dy'n ni ddim yn gwybod beth yw cryfder y gelyn y tu draw.

Taylor Ond mae'r adroddiadau'n sôn am niferoedd mawrion ar hyd yr ymyl ogleddol, a'u bod yn gryf o ran machine guns hefyd.

Wyn Griffith (Ifanc) Ac os bydd gofyn ymosod?

Cadfridog Evans Beionet yn unig. Yn sydyn ddisymwth. Dyna'r unig ffordd, heb ryw daniad mawr i'w rhybuddio nhw ein bod ni ar y ffordd. Os gall y gynnau mawrion gadw'n dawel, mae gobaith. Nawr 'te, i ffwrdd â hwnna i Division.

Mae Wyn Griffith (Ifanc) yn rhwygo'r adroddiad o'i lyfr ac yn ei estyn i Taylor.

Wyn Griffith (Ifanc) A ddaru'ch leiniau chi ddal?

Taylor Na. Cyn gynted ag ein bod ni'n trwsio un, mae'r Boche yn ei thorri. Rhaid i bob neges nawr fynd drwy law.

Wyn Griffith (Ifanc) Ydan nhw'n cyrraedd?

Taylor Rhai ohonyn nhw. Dwi'n gorfod danfon tri dyn fesul neges. Dwi wedi colli saith eisoes. Mae fel blydi siop cigydd, Griffith, yr holl beth. Peidiwch â rhoi dim i mi oni bai ei fod e'n hanfodol.

> *Daw Negesydd ymlaen a mynd yn syth at y Cadfridog Evans ac estyn neges iddo.*
> *Mae'r Cadfridog Evans yn ei ddarllen.*

Cadfridog Evans Blydi gwallgofrwydd! Mae gofyn i ni ymosod ar unwaith. Mae Division yn dweud bod amddiffyn y gelyn yn anghyflawn. Beth ddiawl maen nhw'n ei wybod? Taylor?

Taylor Mae'n hadroddiadau ni yn dweud bod yr ymyl ogleddol yn sefyll yn gryf, syr.

Cadfridog Evans Iesu Grist, wel, mae hynny'n ein rhoi ni reit yn y blydi canol, on'd yw e?

> *Mae cyfres o ffrwydradau trymion yn danfon y dynion i'r llawr. Dim ond Wyn Griffith (Hŷn), yn dyst i'r cwbl, sy'n aros ar ei draed. Clywir sŵn mwy o ynnau mawrion yn agosáu a sŵn ffrwydradau. Mae mwg yn dechrau llenwi'r llannerch yn araf deg.*

Ein ffycin gynnau mawrion ni yw'r rheini! Beth ddiawl maen nhw'n ei wneud? Griffith! Mae'n rhaid i ni gael neges atyn nhw nawr! Ni waeth faint o negeswyr mae'n gymryd. Stopiwch y taniad! Sut gallwn ni ymosod os yw'n sieliau ni wedi'n ffycin difa ni'n gynta?

> *Wrth i Wyn Griffith (Ifanc) sgriblo neges, daw ei fersiwn hŷn yn ddyfnach i'r llannerch i sefyll nesaf ato.*

Wrth iddo estyn y neges i Taylor, mae fel petai'n ei
ewyllysio'n ddistaw i beidio.

Wyn Griffith (**Ifanc**) Danfonwch nhw ar hyd pob route
ar unwaith. Mae'n rhaid i hon gyrraedd. Ni waeth beth.

Mae Taylor yn gadael y llannerch.
Mae Wyn Griffith (Hŷn) yn ei wylio'n mynd.

GOLYGFA DAU

Saif Aneurin.

Aneurin Rywsut cyrhaeddais i'r goedwig. Pan wnaethon
ni ymosod ar y ffos gynta, mi wnes i faglu. Syrthiais i ar
gorff marw un o'r Boche. Arhosais i'r dur dreiddio drwy
'nghefn. Ond ddaeth o ddim. Felly, mi wasgais fy hun i
fyny oddi arno ac ymlaen â fi.

Roedd cymaint ohonon ni'n farw erbyn hynny. Neu
yn marw. Mi wnaethon ni ailgynnull gyda dieithriaid,
dynion o gwmnïau a bataliwns eraill. Roedd y cyfan mor
araf, ond ymladd wnaethon ni o hyd. Ro'n nhw mor
flinedig â ni. Ro'n ni mor sychedig, ond pan gyrhaeddodd
y poteli dŵr roedd pob yn ail un yn dyllau i gyd. Roedd y
clwyfedigion yn crefu am ddŵr, dŵr. Dwn i ddim sut, ond
ro'n i'n dal yn fyw.

Saif Siriol. Mae ei chroen yn felynach nag erioed.

Dechreuais i feddwl y down i drwyddi. Efallai y caem
ni'n dau briodi, wedi'r cyfan. Efallai na fyddai'n rhaid i
Siriol weld fy llythyr.

Mae Siriol yn cerdded yn araf tuag at Aneurin.

Siriol Ti. Ti. Ti.

Aneurin Ond wedyn dyma'n sieliau ni yn dechrau
disgyn. Nine-twos, five-nines. Doedd dim gobaith
gennym. Mi glywais sgrech un ohonyn nhw'n dod ata'i.
'Ti!' Dyna oedd ei gwaedd. 'Ti! Ti! Ti!' A fi oedd o. Siel

wedi ei gwneud gartre, yn dod drwy'r coed. Ei gwneud yng Nghaernarfon, o bosib. A oedd Siriol wedi cyffwrdd ei dur? Oedd ei hana'l wedi cymylu ei phres? Gobeithio, rywsut. Buasai hynny'n rhywbeth o leia.

Mae Siriol yn ei gyrraedd.

Siriol Dim ond y sawl a stopiodd garu a ddylai fynd i ryfel.

Saif Dai.

Dai Pan welon ni'n gilydd, stopon ni. Ro'dd e'n dod rownd rhyw goeden. Ro'n i'n codi'n hunan o'r llawr ar ôl five-nine y tu ôl i ni. Jyst drychon ni ar ein gilydd. Ro'dd e'n big bugger 'fyd. Ro'dd ei farf e'n llawn pridd a lludw. Wedyn cofion ni, ar yr un pryd. Pam o'n ni 'na.

Saif Edith. Mae'n cario bwced o ddŵr sebon a sbwng yn diferu.

Treies i sgrechen wrth fynd amdano fe. Fel ro'n nhw 'di'n dysgu ni. Ond dda'th dim byd mas. 'Mond ebwch, ebychiad bach wrth i'w feionet e fynd i 'mola. Ar yr un pryd teimles i'n un i'n slipo miwn i'w un e, gan grafu asgwrn ei gefn e.

Fe gadwon ni mla'n i hwpo, ein dau. Wedyn stopon ni. Treies i dynnu 'nôl, a na'th e'r un peth. Ond ro'dd hi'n rhy hwyr. Ro'n ni'n sownd. Dryches i'w wyneb e, drychodd e i'n un i. A dyna lle'r o'n ni – y dynon a ddele â'n bywyde'n gilydd i ben.

Mae Edith yn symud at Dai.

Ro'dd 'y mola i gyd yn bo'th gan bo'n. A'i un e, 'fyd, dwi'n siŵr. Fflicodd ei lyged e cyn peswch gwa'd i'w farf. Wrth iddo fe suddo, fe dynnodd e fi lawr 'dag e. Ro'dd 'y nghwmni i yn dal i fynd mla'n. O'n i'n gallu gweld eu puttees a'u sgidie nhw'n mynd hibo. A'th ei wyneb e'n niwlog. Ro'n i'n blasu gwa'd. Ei wa'd e neu 'ngwa'd i, dwi ddim yn gwbod.

Mae Edith yn dechrau golchi Dai â'r sbwng.

Ac ro'n i mor drist. Nage'n ofnus, achos o'dd e wedi digwydd, on'd o'dd e? Ond mor drist. A'n flin 'fyd. Dros Mam, achos ro'dd hi wedi 'ngholli i nawr.

Edith Dim ond y sawl sydd heb fam a ddylai fynd i ryfel.

Saif Ellis.

Ellis Chyrhaeddes i fyth y goedwig. Ro'dd y Jerry gunners yn rhai da. Eu trafýrs mor lân â'r un ohonon ni. Ac wedi perffeithio'r 'two-inch tap'. Ond fe geson nhw ni ar blât 'fyd. Ro'n ni mor araf ar draws y ca' 'na. Ges i ddou drw'r chest ac un drw'r llygad wrth i fi gwmpo.

Saif Helen.

Dechreuon nhw sielo'r approach jyst wedyn. Corddon nhw'r ca' 'na, dim whare. Ynghyd ag unrhyw un ynddo fe. O fewn munude, do'dd dim blewyn ar ôl ohona'i. Felly, fan'na arhoses i. Yn y ca' 'na, y pridd 'na. A ffindodd neb fi.

Mae Helen yn dechrau cerdded tuag ato.

Dwi ddim yn gwbod ai galar o'dd yn gyfrifol, neu jyst ishe anghofio o'dd hi, ond fe gollodd Helen fy mhapure. Felly fe gorddwyd fy enw i 'fyd – gyda'r holl Joneses eraill 'na. Do'dd neb am drafod manylion ar ôl y rhyfel, o'dd e? Felly pan dda'th Megan i geisio whilo amdana'i, fe ffilodd hi. Y cwbwl o'dd 'da hi o'd y llun hales i, yr un dynnwyd yn y pentre. Na'th hi hyd yn o'd ddod fan hyn, i Thiepval, i ffindo'n enw i ar y wal o leia. Ro'dd hi'n dri deg pump erbyn hynny. Ro'dd merch ei hunan 'da hi. Ond pa enw? Chi 'di gweld cyment o Joneses sy' arni? Do'dd hi ddim hyd yn o'd yn edrych yn y gatrawd gywir. Wedi gweud 'ny, pam dyle hi? Llundeinwyr y'n ni. Felly, a'th hi adre, heb wybod ble bues i farw.

Mae Helen yn ei gyrraedd. Mae'n curo'i dwylo yn erbyn ei freichiau, ei frest, ond ni all ef ei gweld hi.

Helen Dim ond y sawl sydd heb blant a ddylai fynd i ryfel.

GOLYGFA TRI

Saif Wyn Griffith (Hŷn) nesaf at y fersiwn iau ohono ef ei hun wrth i yntau a'r Cadfridog Evans fynd drwy ei gynllun i glirio'r goedwig. Daw Taylor ymlaen wrth ymyl y llannerch.

Wyn Griffith (Hŷn) Roedd hi'n llwydnos erbyn i Taylor ddod amdana'i. Roedd ein gynnau mawrion ni wedi arllwys sieliau i mewn i'r goedwig am bron i awr. Doedd yr un o'r negeswyr cynta wedi dychwelyd, felly danfonais ragor. Ymhen hir a hwyr, daeth y taniad i ben. A dyna a barodd i mi obeithio ein bod ni heibio i'r gwaethaf.

Taylor Griffith?

Nid yw Wyn Griffith (Ifanc) yn ei glywed.

Llewelyn.

Aiff Wyn Griffith (Ifanc) at Taylor. Mae'r fersiwn hŷn ohono ef ei hun yn ei ddilyn. Mae Taylor yn estyn iddo'r anrheg i Watcyn a gafodd ganddo ynghynt.

Mae'n flin gen i.

Mae Wyn Griffith (Ifanc) yn edrych ar yr anrheg ond nid yw'n ei chymryd.

Mae Wyn Griffith (Hŷn) yn estyn yr un anrheg o boced ei siaced.

Wyn Griffith (Ifanc) Sut gwyddost ti?

Taylor Y neges olaf honno, i atal y taniad. Ef oedd un o'r negeswyr. Fe gyrhaeddodd e yno, Llew.

Wyn Griffith (Ifanc) Ond nid yn ôl?

Taylor Na.

171

Wyn Griffith (Ifanc) Felly mae'n dal allan yno? Rhaid i mi fynd ato.

Mae ar fin gadael y llannerch. Mae Taylor yn ei rwystro.

Taylor Mae e wedi mynd, Llew. Mae'n flin gen i. Roedd rhaid i mi ei ddanfon.

Wyn Griffith (Ifanc) Wyt ti'n siŵr?

Taylor Ydw.

Mae Wyn Griffith (Ifanc) yn cymryd yr anrheg oddi ar Taylor.

Taylor O leia mae e allan ohoni erbyn hyn. Allan ohoni.

Cwyd Wyn Griffith (Ifanc) ei ben. Am ennyd byr, mae ei lygaid ef a llygaid Wyn Griffith (Hŷn) yn cwrdd.

Wyn Griffith (Hŷn) Ro'n i wedi danfon fy mrawd fy hun i'w farwolaeth. Fy mrawd iau, yn cario neges yn fy llawysgrifen i. Gwneuthum hynny er mwyn ymdrechu i arbed bywydau brodyr dynion eraill. Ond rŵan, roedd Watcyn wedi mynd. Yn bedair ar bymtheg oed yn unig, roedd o wedi mynd.

Tu hwnt i'r llannerch mae Watcyn yn rhedeg drwy'r coed ac o'r golwg.

Cadfridog Evans Griffith! Griffith!

Wedi ei ysgwyd o'i sioc gan lais y Cadfridog Evans, â Wyn Griffith (Ifanc) ato.

Mwy o orchmynion o Division. Does dim pwrpas, maen nhw'n mynnu ein bod ni'n clirio'r goedwig. Lluniwch orchmynion i'r penaethiaid cwmni.

Wyn Griffith (Ifanc) Iawn, syr.

Mae'r Cadfridog Evans a Wyn Griffith (Ifanc) yn gadael y llwyfan.

Daw David Jones i'r llannerch gyda Milwyr eraill, gan symud yn eu blaenau'n araf ac yn ofalus.

David Jones Ac felly hyd at hanner nos ac awr y trai, pan lithra'r ysbryd o'r cleifion, a phan fo fel tir neb rhwng ddoe ac yfory, a'r sawl sy'n gorwedd yn dechrau marw o'r naill fintai a'r llall.

Fe deimlant eto ymlaen, a'r awr hon mae'r gunners yn ymgolli yn eu gwaith, neu wedi colli cynlluniau'r taniad, neu'n myfyrio ar eu hynt hwy eu hunain.

Yng nghraidd a bogail y goedwig mae'n rhaid bod gwactod, fel pe baech yn cyrraedd llonyddwch hynafol y man mwyaf mewnol un.

Clywir sŵn gwan sieliau uwchben.

Ac i ffwrdd yn uchel uwchben, uwchlaw y toeau coed, yn ddi-hid o'r llyfnu ar y goedwig, mae taflegrau trwsgl yn croestorri eu harcau yn eu hanterth. Yn pasio y tu hwnt i glyw fel cludwyr yn bustachu i fyny'r rhiw wrth i chi ymboeni ar eich gwelyau a dyfalu am ddiwedd siwrneiau pell.

Oedant wrth filwr marw o Gymro.

Ac yma ac acw ac yn ei gwman, Picton o baragon pum-troedfedd pedair-modfedd i'r Lein, o Gastell Newydd Emlyn neu Dalgarth ym Mrycheiniog, yn gorwedd yn gawdel fel dillad a daflwyd, neu a grychwyd o'i ên i'w grimog fel darganfyddiad Lambourne.

Ânt yn eu blaenau eto.

Ond fe chwiliwch amdano'n fyw, o'r cuddlwyn i'r drysi – efallai ei fod lle cerddo'r gerddinen wyllt.

Clywir sŵn tanio reiffls a ffrwydradau tanio machine guns. Clywir hisian bwledi. Gwelir fflachio drylliau o

amgylch y tu allan i'r llannerch. Syrthia'r Milwyr, wedi
eu taro. Dim ond David Jones sy'n dal i sefyll.

David Jones Mae'n dod o hyd i chi ymhobman. Ei
gryman tanllyd sy'n cywain: fflach fel dant hirfain, fel tân
tywyll yn taeru. Ac o oddi fry mor hawdd eu gweld, y
boneddigion a gynaeafir.

Ffrwydrad pellach o danio'r machine guns. Â David
Jones i lawr, wedi ei daro yn ei goes.

GOLYGFA PUMP

Daw De Sitter i'r llannerch. Wrth lefaru, mae'n cerdded
rhwng y cyrff disymud.

De Sitter Er yr aiff cryn amser heibio cyn i'r gwir am y
Somme gyrraedd Prydain, pan gyrhaedda, bydd pwysau
trwm y golled yn cael effaith ar unwaith. Bydd
Llywodraeth Prydain yn cyflwyno'r Ddeddf Orfodaeth
Filwrol. Rhaid i bob dyn dan ddeugain oed fynd i ryfel.

Ym 1916, mae Arthur Eddington yn dri deg pump.
Mae wedi syrthio mewn cariad â syniad Einstein, ac mae
am ei gyflwyno i'r byd. Ond unig ddymuniad ei
lywodraeth yw iddo fynd i Ffrainc. Mae'n apelio i'r
tribiwnlys milwrol. Gwrthodir ei apêl. Apelia eto.

Ym 1918 dywedir wrtho pe nad âi i ymladd, rhaid
iddo fynd i'r carchar. Ond fe'i hachubir. Gan yr union
syniad y mae'n pleidio ei achos. Mae'r Gymdeithas
Frenhinol am roi prawf ar Ddamcaniaeth Perthnasedd.
Maent yn cynnull ymgyrch i'r Arctig, i graffu ar y diffyg
ar yr haul. Arthur Eddington, yn ôl eu tystiolaeth hwy,
yw'r unig un a all ei harwain.

A dyna a wna. A'r llwyddiant mawr cynta wedi'r
rhyfel yw gweld syniad Almaenig yn cael ei brofi gan
wyddonwyr Prydeinig. O bosib, o bosib, ein bod ni yn
ôl ar y cledrau.

Mae'n bwrw golwg dros y dinistr eto.

Ymlaen *ac* yn ôl. Dyna'r broblem. Fe ddysgodd y gunners a greodd y cylch hwn gennym ni'r gwyddonwyr. Fel y gwna cadfridogion a phroffidwyr y dyfodol. Y V1. Y V2. Yr A-bomb. Yr H-bomb. Napalm. Yr Hellfire. Y drôn. Ymlaen *ac* yn ôl. Ond eto, rhaid mentro ymhellach. Neu ofer ein holl gamsyniadau. Wedi'r cyfan, nid yw'r rheini wedi eu claddu yn ein gorffennol, ni waeth beth ein dymuniad. Maent yn byw gyda ni. Y nhw ydym ni. Felly mae'n rhaid ymddwyn mewn modd sy'n gwneud yn iawn amdanynt.

Â De Sitter allan.

GOLYGFA CHWECH

Mae David Jones yn dechrau cropian gyda'i reiffl tuag at dderwen fawr wrth ymyl y llannerch.

David Jones Ac iddo ef y daeth fel petai trawst caletsyth a'i bwysau mawr yn chwipio gwaelod ei goesau, fe'i trawyd o'r tu ôl gan balf balista. A'r holl fân bethau aur yn ffluwch, does gennych goesau i'ch cynnal.

Mae'n anodd gyda phwysau'r reiffl.

Gad hi – o dan y dderwen. Gad hi i un o'r lloffwyr llanast. Gad hi i orwedd yn gofeb gleisiog. Dosbarthwch y darnau mân a wiriwyd i'r ffyddloniaid.

Sgubell y daran yw hon. Y gainc derfyn ddisglair. Mae RSM O'Grady'n dweud mai hon yw cyfaill pennaf y milwr, dim ond i chi ofalu am y darnau gweithredol, a –

Daw Sarjant Snell i'r llwyfan. Mae'n mynd o gorff i gorff yn archwilio ac yn cocio'r reiffls.

Snell Dewch nawr, rhyddhewch y sbrings yn sydyn.

David Jones A –

Snell Clicydi-clic a dyna i chi dric.

David Jones A –

Snell Rhaid i chi ddynion fagu'r arfer o drin yr arf hon â'r gofal penna.

David Jones A –

Snell Dylai fod yn gynnen gystadleuol rhyngoch chi, yn fater o falchder go iawn.

David Jones A –

Snell Prioda hi, ddyn! Prioda hi! Anwesa hi! Hi yw dy anwylyd. Cocsa hi, ddyn, cocsa hi. Mae'n offeryn manwl. Fe gostiodd arian trethdalwyr i ni. Mwytha hi, fel dy famgu – siarada â hi – ei hystyried yn ffrind. Rwyt ti wedi ei hadnabod yn dwym ac yn oer. Byddet yn ei dewis hi o blith y gweddill. Rwyt yn adnabod ei gogwydd, a'i hunion ddiffyg o dri chan llath, a'r graith ddofn ar ei charn, a'r nam teg yn y graen uwchlaw ei swing-swifl isa –

Ffrwydrad o danio machine gun. Mae Sarjant Snell yn syrthio.

David Jones Ond gad hi o dan y dderwen.

Mae'n propio'i reiffl yn erbyn y goeden ac yn cwympo.

GOLYGFA SAITH

Wyn Griffith (Hŷn) Ddes i erioed o hyd i Watcyn. Felly do'n i ddim yn medru ei gladdu o hyd yn oed. Fe gipion ni'r goedwig. Ond buom yn ymladd drosti weddill y rhyfel. Ym 1918 bu farw mwy o Gymry rhwng y coed pan orchmynnwyd y 38th i'w chipio unwaith yn rhagor. Ond erbyn y gwanwyn canlynol, roedd y cyfan ar ben, ac roedd 'na dyfiant newydd eisoes. Glasbrennau, yn hedeg o'r coed a ddinistriwyd gennym.

Am wythnosau lawer wedi gadael y fyddin arhosais yn fy lifrai. Pe na bai am y gorfoledd o fod gyda Win eto, buaswn wedi bod yn hollol ddiflas. Dyn ar goll, yn siarad iaith wahanol.

Ond dysgodd Win ein hen iaith i mi eto. Ac ymhen amser, ro'n i'n rhugl.

Ddaru mi ddychwelyd i'm hen swydd treth, a chawson ni ddau fab, John a Hugh. Lladdwyd John yn y rhyfel nesa, mewn cyrch dros Lübeck. Mae rhyfeloedd, mae'n debyg, yn hedeg yn hawdd, o un i'r llall.

Â at y gramoffon wrth ymyl y llannerch a gosod y nodwydd ar y record. Mae symudiadau olaf 'Y Dioddefaint yn ôl Sant Ioan' (Bach) yn dechrau.

Ac o ran Mametz, fûm i erioed 'nôl yno. Ond does dim rhaid i mi, oherwydd dyw hi erioed wedi 'ngadael.

Daw Wyn Griffith (Ifanc) i mewn a dechrau casglu ynghyd bapurau, mapiau. Mae Wyn Griffith (Hŷn) yn ei wylio.

A bod yn onest, dwi ddim yn siŵr beth o'n i'n feddwl, ar y pryd. Ro'n i'n rhy flinedig, yn rhy frau gan alar i feddwl. Ond dwi'n gwybod beth a deimlwn. Mai'r drwg oedd yn drech, drwy'r holl fyd. Buasai 'nghyngor i, petasai rhywun wedi holi amdano, wedi bod yn syml: 'Nid fel hyn . . . nid fel hyn.'

Mae'r fersiwn iau ohono yn cychwyn i adael y llannerch.

Ni phrofais na goruchafiaeth na buddugoliaeth wrth i ni adael Mametz. I'r gwrthwyneb, roedd pwysau tywyll methiant yn ein llywio ni i gyd.

Do, fe gipiwyd Coed Mametz, ond nid gennym ni, debyg iawn.

Mae Wyn Griffith (Ifanc) yn gadael y llannerch.

Y ni, a fartsiodd ymaith, oedd y rhai a wrthodwyd. Y
meirwon oedd yr etholedig rai.

*Mae'n gwylio Watcyn yn rhedeg heibio ac i ffwrdd am
y tro olaf.*

Y nhw a gipiodd Goed Mametz, ac ynddi y gorweddant.

*Mae'n gadael y llwyfan. Mae'r record y tu ôl iddo yn
dod i ben, ond yn parhau i droelli.*

GOLYGFA WYTH

*Daw Antoinette i'r llannerch yn cario basged o
ganghennau bychain. Mae'n mynd o gorff i gorff
disymud, yn eu hysgwyd nhw, yn eu cofleidio nhw.*
    *Gan siarad o ymyl y llannerch, mae Helen, Edith a
Siriol yn llefaru ei gweithredoedd wrth iddi symud rhwng
y dynion.*

Edith Mae Brenhines y Coed wedi torri ceinciau disglair,
amrywiol eu blodeuo.

Siriol Ei dwylo'n dyfarnu wrth dynnu i bob un ei wobr
fregus.

Helen Mae'n llefaru wrthynt yn ôl trefn eu blaenoriaeth.

Edith, Siriol *a* **Helen** Gŵyr hon pwy yw'r arglwyddaf
rhwng y coed uchel ac ar y ddôl agored.

Edith I rai, mae'n rhoi aeron gwynion, i rai rhai brown.

Siriol Mae gan Emil goron gywrain, a wneir o eglyn
cylchddail.

Helen Mae Fatty'n gwisgo miaren Mair, caiff deyrnasu â
hi am fil o flynyddoedd.

Edith Ar gyfer Balder mae'n estyn yn uchel.

Siriol Gwenu mae Ulrich uwch ei hudlath fyrtwydd.

Helen Caiff y diawl Lillywhite lygaid y dydd i'w gadwyn.

Edith Mae'n plethu torchau o ysblander cydradd ar gyfer Mr Jenkins a Billy Crower.

Siriol Mae Hansel a Gronwy yn rhannu llysiau'r drindod fel palmwydd, lle gorweddant mewn coflaid ddifrifol o dan y tripod cam.

Helen Caiff Siôn eurinllys – sy'n ddigon teg.

Edith I Aneurin-yn-y-ceunant mae'n cario sbrigyn o'r griafolen, er gogoniant i Gwynedd.

> *Mae Antoinette yn edrych o gwmpas am David Jones. Fe erys yn ddisymud o dan y goeden.*

Edith, Siriol *a* **Helen** Dai Got Fawr, ni all ei ganfod ef yn unman – mae'n galw yma a thraw, roedd ganddi un arbennig iawn iddo ef.

> *Aiff Antoinette at David Jones a gosod ei ben ar ei chôl.*
>
> *Mae Edith, Siriol a Helen yn canu 'The Ship Song' gan Nick Cave, trefniant Camille O'Sullivan.*

David Jones Gad iddi orwedd er mwyn i'r gwlith ei rhydu. Neu a ddylet yn weddus orchuddio ei rhannau gweithredol? Mae'r baril dywyll, o'i dodi o dan y dderwen, yn adlewyrchu'r seren ddwys sy'n codi o Cliff Trench. Dol brydferth yw hon i ni – yr Arf Barchus Olaf. Ond gad hi – o dan y dderwen. Gad hi i un o dwristiaid y Teithiau Profiad yn yr Ardaloedd a Anrheithiwyd, a chropia mor bell ag y gelli, ac aros am y cludwyr.

> *Yn araf, mae'r holl gyrff disymud yn sefyll. Wynebant y gynulleidfa. Fflach camera, sŵn ffrwydrad. Blac-owt.*

Atodiad

John Lucy? Luce? Ti'n clywed fi?

Lucy Ydw. Helô. God, ble wyt ti?

John Ble wyt ti? Sa'i 'llu gweld ti.

Lucy Ma'n edrych fel 'se ti'n ishte mewn tun neu rwbeth. Ble wyt ti?

John Tro dy gamra mla'n, Luce. Sa'i 'llu gweld ti.

Lucy Mae e mla'n.

John Na 'dy ddim. Edrych am y video icon. Ar y gwilod.

Lucy Ble? O ie. Shwt ma' hwnna?

John Ie, 'na ti. Der ag e lawr, Luce. 'Mond gwallt ti dwi'n gweld.

Lucy Be' sy'n bod â 'ngwallt i?

John Dim byd. Ishe gweld wyneb ti, dw i. 'Na fe. Helô.

Lucy Helô. (*Curiad.*) Serious nawr, ble wyt ti?

John Yn y trench, yntyfe? Yr un wedes i byti.

Lucy Be', yn barod?

John Dwi'n gwbod, ma'n crazy, on'd yw e? Ma'n nhw 'di symud popeth mla'n.

Lucy So pryd ma' fe i gyd yn digwydd 'de? Ti'n gwbod?

John Cyn bo hir. Plans yn newid o hyd. Ni 'di bod yn practîso loads. Dwi'n ffycin knackered.

Lucy John! Falle bydd Mam yn clywed.

John Shit, ody ddi 'na?

181

Lucy Na, ond os eith hi hibo ar y landing.

John So ni'n ffili, ti'n gwbod . . .

Lucy Na!

John Ddim hyd yn o'd tamed bach? Sdim rhaid i ti neud unrhyw sŵn. Jyst flash fach glou.

Mae hi'n pwyso ymlaen i sibrwd.

Lucy John, sa' i'n mynd i ddangos tits fi i ti gyda Mam tu fa's.

John Rhoia'i bip i ti. Dwi fel y graig, Luce, wir i ti.

Lucy Wyt ti?

John Wrth gwrs bo fi. Ma' gweld ti'n ddigon.

Lucy Go on de.

John Be'?

Lucy Give us a flash.

John Be', fan hyn?

Lucy Ie. Wedest ti byddet ti.

John Bydd rhaid fi fynd rhwle arall.

Lucy Pam?

John Y bois erill, yntyfe? A byddwn ni'n practîso 'to cyn hir. Unrhyw funud, dwi'n credu.

Lucy Ie, ie. Ceg i gyd, 'na ti.

John Ddim 'na beth wedest ti tro dwetha.

Lucy Na.

John Ti o'dd yn geg i gyd tro 'na. O'dd e'n blydi lyfli 'fyd.

Lucy John! Wedes i. Mam.

Curiad.

John Ond dwi yn gweld ishe ti, babes.

Lucy Fi'n gweld ishe ti 'fyd. Pryd by' ti gytre?

John Pan ma' hwn 'di bennu, siŵr o fod. Cyn bo hir.

Lucy Oh God, 'na beth o'n i mo'yn gweud 'thot ti. Welest ti post Sharon?

John Oh Jesus, do.

Lucy What a cow, eh? Ti 'llu credu e? Bydd Jackie'n mynd yn ballistic pan welith hi e.

John Ti'n meddwl bod e'n wir 'de?

Lucy Wrth gwrs bod e'n wir. Mae wastad wedi bod yn right slag.

John Yeah, right.

Lucy On'd yw hi 'de?

John Wel, sa' i'n gwbod. O'dd hi'n iawn yn ysgol.

Lucy Iawn? Oh God, nest ti ddim, do fe? Gyda Sharon?

John Be'? Na. Na. Wel, ddim rili.

Lucy Oh God, John, nest ti ddim? Pam na wedest ti wrtha'i?

John O'dd e ages 'nôl, on'd o'dd e? Yn blwyddyn deg neu rwbeth.

Lucy Blwyddyn deg? Sa'i 'llu credu bod ti heb weud wrtha'i. Pam wedest ti gelwydd wrtha'i?

John Gweud celwydd? Wedes i ddim celwydd wrthot ti, Luce!

Lucy Do y blyd–

John Luce? Luce? Ti still 'na? O, shit.

Mae'n ailddeialu.

Addasiad o
'A Dead Boche'

ROBERT GRAVES

ar gyfer Act Dau, tudalen 160

Boche Fu Farw

I chwi a glywodd gennyf gân
am glod y gad, am ddewrder clwy',
rwy'n dweud yn awr taw Uffern Dân
yw rhyfel, does dim amau mwy,
cans heddiw 'Nghoed Mametz fe gaed
yr eli rhag pob trachwant gwaed,

lle, wrth ryw fonyn chwilfriw, crin,
yn eistedd ym mudreddi'r gwaith,
roedd Boche fu farw'n gwgu'n flin
a'i wisg a'i wedd yn wyrddni llaith;
dyn sbectol, boliog, byr ei wallt,
a'r gwaed o'i drwyn yn ddu a hallt.